Das Buch „Der Auto-Mensch" wurde zuerst im Jahr 1986 im Selbstverlag als Begleitheft zur gleichnamigen Ausstellung beim Deutschen Umwelttag veröffentlicht.

Umschlaggestaltung:
Zeichnung des Autors nach einer Werbeanzeige der Autofirma ZÜST, Simplicissimus, 1907
Hintergrund mit freundlicher Genehmigung von Organication
Grafik Design: Martin Schneider

© 2021 Hans Bischlager

Verlag und Druck: tredition GmbH, Halenreie 40-44, 22359 Hamburg

ISBN Taschenbuch 978-3-347-21460-6
ISBN e-Book 978-3-347-21462-0

Bibliografische Information der Deutschen Nationalbibliothek:
Die Deutsche Nationalbibliothek verzeichnet diese Publikation in der Deutschen Nationalbibliografie; detaillierte bibliografische Daten sind im Internet über http://dnb.d-nb.de abrufbar.

HANS BISCHLAGER

DER AUTO-MENSCH

Ein mehrfach verunglückter
Lebensentwurf des
20. Jahrhunderts und die frühen
Anfänge eines ökologischen Zeitalters

Buch zur Ausstellung beim Deutschen Umwelttag
1986 in Würzburg

Vorwort

Das neu aufgelegte Buch „Der Auto-Mensch" ist 1986 im Zusammenhang mit einer Ausstellung zur Automobilgeschichte entstanden. In jenem Jahr wurde das 100-jährige Jubiläum des Automobils gefeiert. Damals stießen kritische Darstellungen seiner Geschichte noch auf wenig Resonanz. 35 Jahre später steckt die Automobilindustrie in einer tiefen Krise, erstens weil ihre Produkte kräftig zur Erderwärmung beitragen, zum andern weil das Auto wegen massenhafter Verbreitung eine ungehinderte Mobilität nicht mehr garantieren kann. Zwar ist teilweise auch seine Akzeptanz beim Publikum zurückgegangen. Aber bei der großen Mehrheit der Bevölkerung ist es bis heute ein hoch angesehener und geliebter Gegenstand.

Weitgehend offen geblieben im historischen Diskurs ist die Frage, wie das Auto zu dieser Ehre kam, in welchen gesellschaftlichen und psychischen Strukturen sich die Liebe zum Automobil entzünden und erhalten werden konnte. Für die Beantwortung der Frage erwies sich das herkömmliche Denkmodell, das mit Subjekt und Objekt operiert, als nicht zielführend. Die Untersuchung setzt die Automobilität in Zusammenhang mit zwei verschiedenen körperlichen Bewegungskulturen, von denen die eine nicht im bewussten rationalen Agieren aufgeht. Gemeint ist die leibliche Wahrnehmung, die mit einem Netz- oder Gewebemodell zu beschreiben ist. Dieses erlaubt, das zu untersuchende Ding – hier das Automobil – in neue und auch überraschende Beziehungen mit der leiblichen Existenz zu bringen. Ein aktuelles Nachwort führt die Ergebnisse des Buches von 1986 mit dem Ansatz einer Leib- und Dingpsychologie weiter.

Obernbreit, April 2021

Dank

Danken möchte ich an erster Stelle Debbi Dominski. Von ihr kam der Anstoß, das Buch neu aufzulegen. Sie hat sich die Mühe gemacht, das Manuskript zu digitalisieren. Für ihre zustimmende Unterstützung und Auseinandersetzung mit Inhalten danke ich Claudia Bischlager herzlich. In der langjährigen Zusammenarbeit mit Claus Petersen haben sich wichtige Grundfragen unseres Denkens klären lassen. Vielen Dank! Ein scharfer Blick auf meine Texte und präzise Nachfragen über deren Sinn – damit hat mir Laura Schneider geholfen. Gedanken, die Thomas Schmelter beigesteuert hat, hatten manch orientierende Wirkung. Kritische Anfragen von Karl Meyer haben die Thematik vorangebracht. Über eine Zeitspanne von 35 Jahren hinweg bin ich Christiane Meisterernst dankbar für ihre damalige Arbeit an der graphischen Gestaltung von Buch und Ausstellung.

INHALTSVERZEICHNIS

EINLEITUNG

Zusammenhänge: Über die Notwendigkeit einer neuen Philosophie

Die Form von Naturwissenschaft und Technik, wie sie seit dem 16. Jahrhundert in Europa entwickelt wurde und wie sie heute weltweit die natürlichen Lebensgrundlagen an den Rand des Abgrunds bringt, verdankt ihren „Erfolg" vor allem der systematischen Ausblendung des Gesamtzusammenhangs der Welt des Lebendigen. Sie arbeitet mit der Methode, aus dem nicht überschaubaren Geflecht von Zusammenhängen einige wenige herauszuschneiden. Von deren Kenntnis verspricht man sich einen Zuwachs an Herrschaft über die Natur und damit höheren Gewinn. Wir haben eine mehrere Jahrhunderte während Epoche hinter uns, die es zur wahren Meisterschaft in der Fähigkeit gebracht hat, alle Dinge allein für sich, also umweltlos betrachten zu können. Sie sieht beispielsweise an Verbrennungsprozessen nur die entstehende Energie, aber nicht deren schädlichen Zusammenhang mit der Luft, die wir atmen. Umweltlosigkeit ist die Signatur unserer geschichtlichen Herkunft.

Während der naturwissenschaftlich-technische Umgang mit der Natur sich in der systematischen Ausblendung der Gesamtzusammenhänge des Lebens vollzieht, existiert dennoch eine philosophische Reflexion, Versuche also, den Gesamtzusammenhang der Welt zu denken. Wie geht dies zusammen? Nur dadurch, dass das Ganze als eine Zusammensetzung autonomer Teilbereiche betrachtet wird. Es liegt auf der Hand, dass eine solche nur gedachte Ganzheit eine schwache Ganzheit ist, die keine lebens- und umweltgestaltende Kraft mehr besitzt. Es ist keine Philosophie im eigentlichen Sinne mehr. In der Struktur

11

ihrer Reflexion erweist sie sich als eine Widerspiegelung des naturwissenschaftlich-technischen Umgangs mit Natur. Als solche
hat sie nur noch dienende Funktion. In der philosophischen Reflexion von Descartes bis Kant und Hegel vergewissert sich das
heraufziehende Industriezeitalter der „Wahrheit" seiner Lebens-
und Umweltgestaltung. Es tut dies allein aus dem denkenden Ich
heraus. Das Nicht-Ich, die Welt draußen, die Natur, die Landschaft soll nicht „Maß gebend" sein für das, was das Ich sich jeweils ausdenken will. So verstanden war die idealistische Philosophie von Descartes bis Hegel immerhin die denkerische Be-
gleiterscheinung beim Aufbau der technisch-industriellen Welt.
Sie tat nicht mehr und nicht weniger, als genau die Denkstrukturen zu präformieren und die Gedankengänge zu bahnen, mit
welchen auch praktisch die Natur behandelt und unterworfen
wurde. Das tatsächliche Bild stellt sich somit folgendermaßen
dar: Die Methode der systematischen Ausblendung des Gesamtzusammenhangs von Natur und Welt, wie sie seit dem 16. Jahrhundert praktiziert wurde, gewann die Leitfunktion in der Weltauffassung. Mochten philosophische oder theologische Systeme
noch einen Gesamtzusammenhang behaupten, der reale Prozess
der technisch-industriellen Zivilisation ging unberührt darüber
hinweg.

Mit Beginn des 20. Jahrhunderts tauchen erstmals Versuche
auf, das Denken des Gesamtzusammenhangs mit einem praktischen Lebens- und Umweltgestaltungsanspruch zu verbinden.
Die Wahrnehmung von Zusammenhängen des Naturganzen lässt
Bewegungen entstehen, die auf Umgestaltung des Lebens, der
Ernährung, des Verhältnisses zum Körper, der Kleidung, der
Wohnung, des Bauens, der Landschaftsgestaltung, der politischen Beteiligung ausgerichtet sind. Ihre Kritik am „mechanistischen" Zeitalter zielt vor allem auf das Auseinanderfallen der

Lebensbereiche, das es dem Menschen nicht mehr erlaubt, alle seine Dimensionen und Fähigkeiten voll zu entfalten. Diese Bewegungen sind wie auch die frühe Naturschutzbewegung, welche den Gesamtzusammenhang des Lebendigen zu denken versucht, alle gegen die Aufteilung der Lebenswelt in nebeneinander liegende Sektoren gerichtet. Gleichwohl reagiert die alte Welt auf das verstärkte Wiedererwachen der Bewegungen in den 70er und 80er Jahren des 20. Jahrhunderts nicht ohne Erfolg nach eben diesem Muster. Sie greift die Umweltfrage auf und grenzt sie als Teilproblem ein. Die Umwelt wird zu einem zusätzlichen Wissens- und Problembereich, als einer unter zahllosen anderen. Für ihn gibt es eigene Experten und Beamten, eigene Gebäude, Institute und Ministerien. Der Charakter einer Gesamtfrage, die das Ganze des Lebens und der Natur betrifft, wird auf diese Weise nicht ohne gewissen Erfolg zum Verschwinden gebracht. Die alte Welt der Naturbeherrschung und -ausbeutung kann vorerst aufatmen: Das Umweltproblem konnte unter Kontrolle gebracht und ein weiteres Übergreifen auf andere Lebensbereiche oder gar auf das Ganze verhindert werden. Das gern zitierte „gestiegene Umweltbewusstsein" in der Bevölkerung ist weitgehend domestiziert. Es erweist sich sogar als günstiger Faktor in der Vermarktung herkömmlicher, aber mit dem Prädikat „umweltfreundlich" versehener Produkte. Sektorenhaft und isoliert wird die Umweltfrage zum Teil aber auch von der basisorientierten Umweltbewegung selbst behandelt.

Die Umweltfrage betrifft in Wirklichkeit aber die Gesamtheit des Lebens und seiner Gestaltung. Sie bedarf deshalb einer Philosophie im Sinne der Reflexion des Gesamtzusammenhangs von praktischer Lebens- und Umweltgestaltung. Gefordert ist ein regelrechtes „Ausufern" der Umweltfrage. Aber gibt es nicht Lebensbereiche, die mit der Umweltfrage nichts zu tun haben?

Der Sport? Die Geisteswissenschaften? Die Außenpolitik? Einigen dieser ungewöhnlichen Fragen soll in der folgenden Untersuchung nachgespürt werden. Liegt das Umweltproblem beim Auto lediglich im Katalysator oder etwa im Bedürfnis nach hoher Geschwindigkeit? Kann eine Kultur der Hochgeschwindigkeit überhaupt ein nicht herrschaftsorientiertes Verhältnis zur Natur entwickeln? Steht die Art und Weise der körperlichen Bewegungsformen, wie sie seit dem 19. Jahrhundert im Sport entwickelt wurden, mit einem geschwisterlichen Verhältnis zur Natur im Einklang oder Widerspruch?

Veränderung der gesamten Lebensform statt ökotechnischer Reparatur

Fixierung auf die unmittelbare Gegenwart beschränkt den Horizont. Die Umweltzerstörung erscheint dann als bloße Folge der Technik und deshalb als technisches Problem. Man folgert daraus, dass dieselbe Technik, die uns die Probleme beschert, sie auch wieder aus der Welt schaffen wird. Wie sich allenthalben zeigt, versagt diese beschränkte Sicht der Dinge in mehrfacher Hinsicht. Sie ist erstens zu einer realitätsgerechten Wahrnehmung der tatsächlichen Ausmaße und der Tragweite der bereits entstandenen Naturzerstörung völlig unfähig. Zweitens lässt das ökotechnische Reparaturkonzept das Problem der Durchsetzung von Maßnahmen außer Acht. Denn diese ist kein isoliert technisches Problem, sondern eine Frage des gesamten Geflechts sowohl der Lebens- und Weltauffassung wie auch der Lebenspraxis der Gesellschaft. Dass das umfassende Ganze der Lebensform hier mit im Spiel ist, wird aber erst bewusst und sichtbar, wenn das kulturelle Szenario der Entstehungsbedingungen rekonstruiert wird. Seine Kenntnis ist für die Frage der Durchsetzung einer

Veränderung der Lebens- und Umweltgestaltung deswegen von Bedeutung, weil es in der Unüberschaubarkeit der jeweiligen Aktualität die geschichtswirksamen, bestimmenden Faktoren einer Technik oder eines Verhaltens enthüllen kann. Ungeschichtliches Starren auf die Gegenwart ist der Gefahr verhängnisvoller Fehleinschätzung der wirklich bestimmenden Faktoren ausgeliefert. Zum einen neigt es dazu, die Stabilität der bestehenden Verhältnisse zu überschätzen. Es lässt sich nicht selten vom Machtgehabe gerade im Amt befindlicher Autoritäten über Gebühr beeindrucken. Umgekehrt aber – und dies ist noch gefährlicher – unterschätzt der ungeschichtlich denkende Zeitgenosse die Massivität der historischen Erblast. Die zerstörerische Wut der mechanisierten Welt ist nicht ausschließlich auf das Konto der gegenwärtig lebenden Generationen zu verbuchen. Diese Feststellung sieht zunächst nach Entlastung aus, bedeutet jedoch in Wirklichkeit das Gegenteil. Denn damit sind wir mit einer Realität von historischen Weichenstellungen, historisch gewordenen Bedürfnissen, Verhaltensweisen und Denkstrukturen konfrontiert, die uns zunächst einmal vorgegeben sind. So leicht schnelle ökotechnische Korrekturen auszudenken sind, so schwierig ist es, von den Bahnen herunterzukommen, auf die wir, die gegenwärtig lebenden Menschen, von unseren Vorfahren gesetzt worden sind. Diese Bahnen haben sich in das Ganze unserer Lebensform und Bedürfnisstruktur eingegraben. Deswegen haben wir es nicht mehr nur mit einem eingrenzbaren so genannten „Umweltproblem" zu tun, sondern mit einer Problematisierung unserer gesamten Existenzform. Die massive Zunahme des Artensterbens seit 1950 wäre zum Beispiel so nicht geschehen ohne die Mechanisierung der Landwirtschaft seit dem 19. Jahrhundert. Wer aber hat diese zu verantworten? Nicht nur die Naturwissenschaftler und Techniker seit dem 15.

Jahrhundert. Aber auch nicht nur Denker wie Descartes und Bacon, welche die Unterwerfung der Natur zum Programm erhoben. Es lassen sich überhaupt keine Einzeldisziplinen und Einzelpersonen als Letztverursacher nennen. Der Letztverursacher ist eine spezifisch historische Lebensform.

Tritt man also, bildlich gesprochen, einige Schritte von der unmittelbaren Aktualität zurück und überblickt längere Zeiträume unserer geschichtlichen Herkunft, so dreht sich der Streit um die zeitliche Abgrenzung unserer Epoche und die Einordnung der Gegenwart in sie. Die meisten Historiker der Gegenwart sehen den unsere Epoche einleitenden Umbruch in der Zeit um 1800. Sie schreiben dann meist das damals beginnende Industriezeitalter bis heute fort. Die vergangenen 200 Jahre als Kontinuität zu deuten, ist zweifellos richtig mit Blick auf die Entwicklung und Zunahme der naturwissenschaftlich-technischen Errungenschaften von der Dampfmaschine bis zum Computer. Es ist jedoch auch bekannt, dass viele Epochen und Weltreiche gerade in der Zeit ihrer höchsten Entfaltung und Übersteigerung ihres eigenen Prinzips bereits mit den ersten Vorboten eines neuen Zeitalters durchsetzt waren. Es gibt gute Gründe anzunehmen, dass dies auch für die technisch-industrielle Zivilisation im 20. Jahrhundert gilt. Denn parallel zu ihr tauchen im ersten Drittel des Jahrhunderts Phänomene auf, welche den Prinzipien von Jahrhunderte alten Denk- und Verhaltensmustern widersprechen. Zum Beispiel wendet die bildende Kunst sich nach fünf Jahrhunderten vom Prinzip der realistischen Abbildung ab. Soziale Bewegungen entwickeln Programme einer umfassenden Lebensreform. Es werden neue Formen von Kleidung und Ernährung, Wohnung und Städtebau, neue Formen im Verhältnis von Mann und Frau, im friedlichen Zusammenleben der Menschen und Völker gesucht. Für den Historiker wäre dies alles reichlich Stoff und Hinweis genug, hier die kleinen Anfänge eines neuen Zeitalters zu vermuten und zu erforschen. Die meisten Historiker und Gegenwartdeuter sind, zumal sie Teil der vom Staat organisierten Wissenschaft sind, in ihrem Denken der alten Epoche verpflichtet. Deswegen sind sie weitgehend blind gegenüber den Erscheinungen eines neu heraufziehenden Zeitalters. Sie nehmen sie als unwichtige Randerscheinungen wahr, können darin oft nur ausgefallene exotische Blüten erkennen oder aber greifen bei zunehmender Verbreitung des Neuen zur Waffe der moralischen oder politischen Verurteilung und, im Falle des 20. Jahrhunderts, zur Strategie der Vereinnahmung und Umfunktionierung. Weil es ein Grundmerkmal der neuen Kultur ist, die alte Trennung zwischen Wissenschaft und Leben nicht mehr mitmachen zu können, sind adäquate Beschreibungen und Analysen des Neuen auch nur von Menschen zu erwarten, die in ihrer konkreten Lebensform wenigstens ansatzweise bereits daran teilhaben. Gelänge es, die Grundprinzipien sowohl der neuzeitlichen Kultur als auch des sich andeutenden neuen Zeitalters zu erfassen, bliebe man angesichts der ökologischen Krise nicht dazu verdammt, lediglich Oberflächenkorrekturen vorzunehmen, sondern könnte die Vorbedingungen eines notwendigen neuen Verhältnisses zur materiellen und natürlichen Umwelt besser erkennen.

Körpergeschichte statt Geistesgeschichte

Die vorherrschende Automobil-Geschichtsschreibung gliedert sich im Wesentlichen in zwei Grundthemen: Zum einen wird die Geschichte des Autos als Prozess der folgerichtig sich auseinander entwickelnden technischen Erfindungen und konstruktiven Verbesserungen dargestellt, d.h. als Erfolgsgeschichte des technischen Geistes. Als zweites und schon weniger wichtiges Thema erscheint die Geschichte der Akzeptanz und Durchsetzung des Automobils. Auf diese Weise wird der Geist in seiner Form als technische Rationalität zur entscheidenden weltbewegenden Kraft erhoben. Die praktische Anwendung gilt als mehr oder weniger zwangsläufig. Dahinter steht der bekannte Dualismus zwischen Geist und Materie, die Trennung zwischen Geist und Körper. Auf ihr basiert eine Denkweise, die dadurch gekennzeichnet ist, dass sie die Abstraktion von der materiell-körperlichen Existenz des Menschen für zulässig hält. Das hat zur Folge, dass Denkoperationen ohne Bezug zur materiell-körperlichen Realität des Menschen vor sich gehen können, welche dann über eben diese Realität bestimmen. Resultat davon sind technische Vorrichtungen, die entweder direkt gegen die Interessen des Körpers gerichtet sind, ihn also schädigen, oder ihn überflüssig machen und ersetzen, ihn also zum lästigen Überbleibsel werden lassen. Nehmen wir als Beispiel den folgenden Fall: Der Mensch will sich fortbewegen. Nach langwierigen Überlegungen, die allesamt keinen Bezug zur körperlichen Existenz des Menschen haben, kommt er – eigentlich nicht überraschend – zu einer technischen Lösung, bei der der Körper überhaupt keine aktive Rolle mehr spielt. Das Auto nimmt ihn wie ein Paket als Frachtgut mit. Verlangt sind dabei nur einige geistige Operationen zu Steuerungszwecken.

Über die zunehmende Körperlosigkeit in der technisierten Welt kann auch aller Körperkult und Breitensport nicht hinwegtäuschen. Die große Verbreitung von Sport und sogenanntem Körperbewusstsein, also von körperlicher Bewegung jenseits des realen Alltags- und Erwerbslebens, kann sogar als direkter Indikator für die Zunahme der Körperlosigkeit in der industriellen Zivilisation betrachtet werden. Der Körper hat seit Beginn des 20. Jahrhunderts in Sport, Hygiene, Therapie und als Gegenstand der Reflexion eine starke Zuwendung erfahren. Dennoch hat sich nichts Grundsätzliches verändert. Der Körper wird in allen Bereichen des sozialen Lebens „immer mehr zum Gegenstand, zum Zentrum gewisser technologischer und ideologischer Beschäftigungen. Ob in der Produktion, im Verbrauch, in der Freizeit, im Schauspiel oder in der Werbung usw., der Körper ist zum Objekt geworden, zum Behandlungs- und Manipulationsobjekt und dient zur Inszenierung der Ausbeutung. Über den Körper läuft eine ganze Reihe von sozialen und politischen Interessen der heutigen technisierten Zivilisation zusammen." (Bernard, 1980, S.12). Der sogenannte Aufbruch des Körpers ist somit nichts anderes, als dass der Körper als Objekt eine starke Aufwertung erfahren hat. Dies spiegelt sich auch in der philosophischen Reflexion auf den Körper. Das Grundproblem der gängigen Körperphilosophien besteht darin, dass sie mit körperfremden Kategorien über den Körper sprechen. Wenn Kritik am „Umgang" mit dem Körper geübt wird, so ist in dieser Sprachstruktur enthalten, dass es ein körperloses Etwas gibt, ein Ich oder ein Selbst, das mit dem Körper umgeht. Die Kritik an Konkurrenz, Leistung, Rekord, Arbeitsteilung, Spezialisierung usw., die Verwendung dieser und vieler anderer körperfremder Kategorien bietet keine Basis für die Überwindung der Zerteilung des Menschen in Körper, Geist und Seele. Die Körperphilosophien verbleiben damit grundsätzlich in dem Rahmen, in welchem der Körper Objekt ist. Die gleichwohl vielfach erhobene Klage über die Trennung zwischen Körper und Geist und die Beschwörung von deren Einheit ist also exakt das berühmte Ziehen am eigenen Schopf, um aus dem Sumpf herauszukommen. Dass nur das Suchen eines festen Bodens helfen kann, muss in diesem Falle heißen, dass eine Geschichte des Körpers zugelassen wird. Wie sieht diese aus? Dem Körper eine Geschichte zugestehen, heißt zuallererst, sich mit den Kategorien auf seine Ebene begeben. Dies ist die Ebene der an Materie gebundenen Formen. Deshalb kann die Geschichte des Körpers an den geformten materiellen Dingen, den Werkzeugen, den Gebäuden, den Gestaltungen der Erdoberfläche, der Technik rekonstruiert werden. In sprachlichen Äußerungen, die darauf keinen Bezug mehr nehmen, ist der Körper nurmehr als Objekt des Geistes dabei. Die Ebene der materiellen Lebens- und Umweltgestaltung ist die „Sprache" des Körpers. Seine Geschichte kann sich deswegen erst artikulieren, wenn auf die verbale Aufwertung und Lobpreisung des Körpers hin tatsächlich seine gestaltende „Mitarbeit" reflexiv in die Domänen des Geistes, in Politik, Ökonomie, Wissenschaft und Technik einbezogen wird. Zu fragen ist, wie die Sprache oder Handschrift des Körpers in der Weltgestaltung sich niedergeschlagen haben. Man kann den Körper als Objekt, Mittel, Zweck so lange analysieren, wie man will, über seinen Einfluss auf den Prozess der Weltgestaltung wird man dabei nie etwas erfahren. Eine Philosophie des Körpers, welche den Zusammenhang mit der Struktur der Gesamtkultur nicht herstellt, welche bei der Rede vom Körper an das Problem einer Erklärung des bestehenden geschichtlichen Zustands der Zivilisation nicht denkt, gibt damit kund, wie wenig ernst ihre Hochschätzung des Körpers gemeint ist.

Technik-Ursprungskritik statt Technik-Folgenkritik

Das Automobil ist von seinen *Folgen* her als Problem bewusst geworden. Seine Schadstoffemissionen bedrohen wahrnehmbar den Wald, die Gebäude, den Boden, den Menschen selbst, seine Nahrung und seine Gesundheit. Die Massenmotorisierung lässt vielfach den Verkehr zusammenbrechen, Stauungen führen zu Zeitverlust, Parkplatzmangel macht die Maschine zuweilen unbrauchbar. Der Straßenbau hat die Landschaft zerschnitten und verunstaltet. Der Lärm nimmt dem Leben eine wichtige Qualität. Die Folgen sind es, die kritisches Bewusstsein gegenüber dem Automobil entstehen ließen. Technikfolgenkritik aber ändert nichts an der schadenverursachenden Grundstruktur der betreffenden Technik. Sie zielt auf Schadensbegrenzung oder im besten Fall auf weitgehende Schadensvermeidung. Technikfolgenkritik strebt daher Modifikationen von Techniken an, deren Schadenswirkung bereits erwiesen ist. Das aber bedeutet, dass sie mit dem, was sie eigentlich intendiert, immer zu spät kommt. Das Technikfolgen-Denken kann naturgemäß erst zu Maßnahmen übergehen, wenn Schäden erkennbar werden. Im Sinn einer Schadensvermeidung kommt es also auf jeden Fall zu spät. Es stimmt aber mit keinem Lebensprinzip überein, erst Schaden anzurichten, um ihn dann wieder zu beheben. Ein lebensgemäßes Ziel kann nur sein, Schaden von vornherein zu vermeiden.

Damit stellt sich als nächste Frage, wie es überhaupt dazu kommen kann, dass schädigendes Verhalten im Gebrauch von Technik zur Norm und Normalität wird. Eine allgemeine Voraussetzung lässt sich ohne großen Aufwand an Analysen erkennen: Man kann die Luft nur dann mit giftigen Abgasen anfüllen, das Wasser und den Boden mit giftigen Chemikalien verseuchen, wenn man diese Umweltmedien nicht als Teil des eigenen Selbst erfährt. Da man nicht das eigene Nest beschmutzen wird, lässt die bedenkenlose Emission von Schadstoffen, wie sie seit langem vor sich geht, keinen anderen Schluss zu, als dass die Menschen die Luft, das Wasser, den Boden, die Landschaft nicht als zum eigenen Nest gehörig wahrnehmen. Diese Art der Weltwahrnehmung hat eine lange Tradition. Sie ist deckungsgleich mit der Epoche der sogenannten Neuzeit. Primär ist in dieser Wahrnehmung der Innenraum. Das Zimmer, die Wohnung, das Haus wird sauber und von schädlichen Stoffen und Einflüssen möglichst freigehalten. Innenraum wird zum Denk- und Weltmodell schlechthin. Eine klare Trennung zwischen innen und außen bestimmt die Architektur. Wände, Mauern, Decken, alles, was zur deutlichen Grenzbildung geeignet ist, spielt eine große Rolle. Das Prinzip der abgrenzenden Hüllenkonstruktion ermöglicht dann auf der anderen Seite eine Regel- und Gesetzlosigkeit im Freien.

Es ist somit ein ausdifferenziertes Kulturprojekt, aus welchem die Situation der global bedrohenden Zerstörung der Umwelt entstanden ist. Die Technikfolgenkritik stößt zwar auch auf das Problem, dass der Mensch selbst und seine Wahrnehmung von Technik betroffen werden. Die Folgen aber sind in der Sicht gewissermaßen mechanisch, in dieser Form von niemandem gewollt. Sie erscheinen nur als Schattenseite, als bedauerliche, aber unvermeidliche Nebenwirkung. Kritisiert werden mangelnde Voraussicht und Verantwortung im Umgang mit der betreffenden Technik. Nicht rechtzeitige Schadensbekämpfung wird zum moralischen Vorwurf. Dabei wird ganz übersehen, dass die fatalen Auswirkungen der Technik nur die andere Seite eines dynamischen Bedürfnisses sind, das die entsprechende Technik selbst hervorgebracht hat und sie erhält. Nicht moralisches Versagen oder Verantwortungslosigkeit oder Nachlässigkeit im Umgang mit einer Technik sind das Problem, sondern das mit allen positiven Wünschen, Energien und Kräften vorangetriebene Projekt eben dieser Technik selbst. Der Entwurf, für den Menschen alle ihre Kräfte zu mobilisieren bereit waren und sind, der mit Erwartungen und Hoffnungen, mit Einsatz, Leidenschaft und Kampf vorangetrieben wurde und noch wird, genau dieser Entwurf hat zur besagten Technik erst geführt. Es erweist sich nämlich, dass die kritisierten Technikfolgen, versieht man sie nur mit einem positiven Vorzeichen, mit den das Ganze erst verursachenden Motiven identisch sind.

Gleichwohl bleibt, nachdem vollendete Tatsachen geschaffen sind, keine andere Wahl, als mit den Folgen fertig zu werden. Die Frage ist aber, wie man an die Sache herangeht. Kennt man nämlich die Ursprungsbedingungen oder, um bei dem so gern verwendeten Bild von der „Geburt" des Automobils zu bleiben, kann man die Eltern, ihren Charakter und ihre Lebensumstände namhaft machen, die das Kind zeugten, dann kann man in der Gegenwart die Frage stellen, ob diese Entstehungsbedingungen heute noch bestehen. Müsste man nun feststellen, dass dies nicht mehr der Fall ist, hätte man Gründe anzunehmen, dass auf das erste Automobiljahrhundert kein zweites folgen wird. Aber die Sache ist komplizierter. Das zärtlich gemeinte Bild von der „Geburt" des Automobils trägt noch weiter. Das im Jahr 1886 geborene Kind blieb nicht für sich allein. Es zeugte selbst Kinder, will heißen, der Automobilismus traf, um sich unentbehrlich zu machen und seine Zukunft zu sichern, entsprechende Vorkehrungen. Es hat unser Arbeiten und Wohnen, unsere Freizeit und unsere Ansprüche, das Einkaufen und Wirtschaften, die Städte und die Landschaft so verändert, dass man es nun zwangsläufig braucht. Aber auch in dieser Situation ist die Kenntnis der *Ur*sprungsbedingungen nicht unwichtig. Denn unterscheiden zu können zwischen den Bedürfnissen, Wünschen, Hoffnungen, die das Automobil entstehen ließen, und den nachfolgenden, sich fortzeugenden Sachzwängen, ist Voraussetzung für eine zutreffende historische Analyse dieses Fortbewegungsmittels.

ERSTES KAPITEL

DER WIDERSTAND GEGEN DAS „MONSTER"

Abb. 1 Wie der „Autler" die Straße sieht

Die Zeit der Straßendampfwagen

Im Rückblick auf 100 Jahre Geschichte des Automobils spricht man heute liebevoll von der „Geburt" dieses Fahrzeugs. Wer von dieser Geschichte nur weiß, was er aufgrund eigener Anschauung und Erfahrung der letzten 10, 20 oder auch 50 Jahre vom Automobil kennengelernt hat, der muss den Eindruck gewinnen, dass damals ein ausgesprochenes Wunschkind geboren wurde. Die entsprechenden Geschichtsschreiber beginnen ihre Darstellungen nicht selten mit dem Hinweis, dass es von Urzeit her der Traum der Menschheit gewesen sei, mit einem selbstbeweglichen Fahrzeug sich fortzubewegen. Als Belege werden zum Beispiel der Muskelkraftwagen angeführt, der 1447 der Stadtchronik zufolge in Memmingen gesehen wurde, oder Entwürfe für selbstfahrende Wagen von Leonardo da Vinci oder der Segelwagen des Mathematikers Simon Stevin in der Zeit um 1600, welcher eine Durchschnittsgeschwindigkeit von 33 km/h erreicht haben soll. War nun gegen Ende des 19. Jahrhunderts dieser „Menschheitstraum" endlich in praktischer Form in Erfüllung gegangen, lassen sich als Reaktion nichts anderes denken als Freude und heller Jubel.

Der Historiker indes wird mit einem völlig anderen Bild konfrontiert. Er wird Zeuge einer Zeit, die in dem neuen Gefährt kein Wunschkind, sondern eher ein Monster erblickte. Der Kampf und Widerstand gegen dieses auftauchende Phänomen wurde mit nahezu allen Mitteln geführt, die zur Verfügung standen. Wo der Staat nicht entschlossen genug zu sein schien, wurde Selbsthilfe angedroht wie 1896 in einem offenen Brief an den Pariser Polizeipräsidenten, wo ein Herr erklärt, „dass ich von heute ab mit einem Revolver in der Tasche ausgehen und auf den nächsten verrückten Hund schießen werde, der mit seinem Automobil die Flucht ergreift, nachdem er drauf und dran war, mich und die Meinen zu überfahren". (Sachs, 1984, S. 24) Die meisten Schreiber der Autogeschichte werten den Widerstand gegen das Automobil als bloße Anfangsschwierigkeiten auf der ansonsten bereits vorgezeichneten Fortschrittslinie. Als kurz und vorübergehend kann er jedoch nicht eingestuft werden, bedenkt man, dass die Automobilgeschichte nicht eigentlich mit Karl Benz im Jahr 1886, sondern in England schon kurz nach 1800 beginnt. Im Jahre 1801 stellte Richard Trevithick einen Dampfwagen fertig, von dessen erster Fahrt ein Augenzeuge berichtet, „dass die Maschine die Steigungen wie ein kleiner Vogel hinaufschoss (sic!). Die Maschine ging schneller als er gehen konnte, erklomm die Steigung von Cam-born Beacon, welche etwa eine halbe Meile lang war, dann drehte sie wieder um und ging wieder hinunter." (Isendahl, 1910, S. 10/12) Im folgenden Jahr reichte Tre-vithick ein Pa-

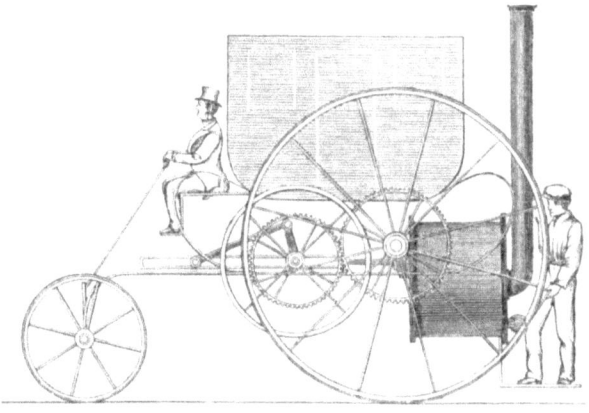

Abb. 2 Dampfwagen von Richard Trevithick, 1801

tent ein, wo er einen Mechanismus zur Veränderung der Übersetzung, also bereits ein Wechselgetriebe beschreibt. Zur Verwendung im Personentransport gelangten aber erst die Dampfwagen von Goldsworthy Gurney.

27

Er baute 1826 seine erste Straßenlokomotive, die wegen ihres Gewichts von vier Tonnen noch wenig praktikabel war. In weiteren Konstruktionen konnte er es jedoch bis auf 1750 kg verringern, so dass dieses Fahrzeug eine Geschwindigkeit bis zu 24 km/h erreichte. Und hier setzen auch schon die Geschichten des Widerstands gegen das Automobil ein. Es wird berichtet, dass Gurney und die Insassen seines Wagens bei einer Fahrt 1829 von der Bevölkerung in Melksham mit Steinen beworfen und beschimpft wurden. Zwei Personen

Abb. 3 Dampfwagen von Goldsworthy Gurney, 1827

mussten sich in ärztliche Behandlung begeben, der Wagen musste nachts bewacht werden. Im Jahre 1831 wurde mit drei Dampfwagen von Gurney eine öffentliche Verbindung zwischen Gloucester und Cheltenham eingerichtet, die mit großer Regelmäßigkeit funktionierte. Aber auch hier passierte es, dass die Landbevölkerung Steine auf die Straße warf, wodurch die Hinterachse des Dampfwagens zu Bruch ging. Die Bilanz des Ingenieurs James Stone vom 23. Juni 1831 war gleichwohl positiv. Er schreibt: „Wir haben trotzdem 396 Tagestouren in regulärem Dienst gemacht, die sich im ganzen über 3644 Meilen (5863 km) erstrecken. Unsere Ausgabe an Koks beläuft sich auf 78 Pfd. St. (ca. 1560 Mk). Ein Drittel dieses Koks ist während der Bewegungen sukzessive verbraucht worden, die wir ohne Nutzlast machten." (Isendahl, 1910, S. 15) Dabei wurden 2666 Passagiere befördert und rund 202 Pfund Sterling eingenommen. Im Jahre

1836 richtete Walter Hancock mit Straßendampfwagen einen regulären Busverkehr zwischen der Londoner City und Connington ein. Die Verbindung funktionierte sechs Monate lang, wobei die Wagen insgesamt 7654 km zurücklegten.

Abb. 4 Dampfomnibus „Enterprise" von Walter Hancock, 1833

Trotz der beachtlichen Ausmaße, die der Automobilverkehr im frühen 19. Jahrhundert in England angenommen hatte, ließ man ihn nicht hochkommen. Die Eisenbahn genoss den absoluten Vorrang, welcher auf administrativem Weg gesichert wurde. Durch Gesetz verordnete das Parlament eine erhebliche Erhöhung der Straßengebühren für Automobile, die deren Betrieb unrentabel machte. Der letzte Stoß wurde dem neuen Verkehrsmittel schließlich durch die „Lokomotive Acts" vom August 1861 und Juli 1865 gegeben. Das Gesetz von 1861 setzte für die mit Dampf betriebenen Straßenwagen als Höchstgeschwindigkeit fünf Meilen innerhalb der Ortschaften und zehn Meilen außerhalb fest. Außerdem wurden für jeden Wagen zwei Personen zur Bedienung vorgeschrieben. 1865 wurde das Gesetz weiter verschärft und die Geschwindigkeit innerorts auf zwei Meilen und außerorts auf vier Meilen reduziert. Zusätzlich wurde verfügt, dass jedem Wagen ein Mann mit einer roten Fahne vorausgehen musste, um die anderen Verkehrsteilnehmer, insbesondere Pferdefuhrwerke, zu warnen. Um dem historischen Tatbestand des Widerstands gegen das Automobil gerecht zu werden, muss zunächst eine Reihe bequemer Scheinerklärungen aus dem Weg geräumt werden. Der französische Buchautor Baudry de Saunier erklärte 1902 den Widerstand gegen den Automobilismus mit dem Phänomen des „Neuerungshasses", einer Haltung, die erstaunlicherweise selbst in der Gegenwart bei den zivilisierten Nationen noch genauso zu finden sei wie bei den ganz oder halb wilden Völkern. Würde es sich, wie hier angenommen, beim „Neuerungshass" oder, wie man auch sagt, bei der Tendenz, am jeweils Bestehenden festzuhalten, um eine Wesenseigenschaft des Menschen handeln, könnte man nicht erklären, warum es auch Situationen gibt, in denen die Menschen das gewohnte Bestehende aufgeben oder sogar bekämpfen. Dieser Umstand wird häufig dadurch zu erklären versucht, dass man die Menschen in zwei verschiedene Sorten aufteilt, die sogenannten Konservativen und Progressiven. Aber auch da ergeben sich Schwierigkeiten, wenn etwa Konservative gar nicht schnell genug die jeweils neueste Technologie bekommen können und umgekehrt die sogenannten Progressiven diese nicht mehr haben wollen. Bevor die Erklärungen, die auf Charakter und Wesen des Menschen zurückgehen, vorgebracht werden, werden gewöhnlich soziale und vor allem ökonomische Gründe für das Festhalten an einem Bestehenden und den Widerstand gegen ein Neues angeführt. So erscheint es als natürlich, dass gerade die wenig gebildete und deshalb „rückständige" Landbevölkerung gegen die Straßendampfwagen mit Steinen vorging. Warum aber konnte später eine nicht mehr als früher gebildete Landbevölkerung das Automobil akzeptieren? Und warum wollten sich die Pferdefuhrwerksunternehmer nicht auf die neue Technik umstellen? Um über vordergründige Scheinerklärungen hinauszukommen, bleibt kein anderer Weg, als jeweils danach zu fragen, wodurch ein Festhalten am Bestehenden bzw. eine Veränderung des Zustands motiviert ist.

Die Eindämmung des neuen Phänomens mit Geschwindigkeitsbegrenzungen und anderen Verordnungen

Wenn es zutreffen würde, dass es immer schon ein Traum der Menschheit gewesen sei, von einem selbstbeweglichen Fahrzeug fortbewegt zu werden, bliebe unverständlich, woher die massiven Widerstände gegen das Automobil kamen, als die Technik dazu vorhanden war. Wie ein halbes Jahrhundert zuvor die englischen Konstrukteure und Betreiber von Straßendampfwagen bekam auch Karl Benz mit seinem Benzinauto die ablehnende Haltung seiner Umgebung zu spüren. Als bei den Versuchsfahrten auf öffentlichen Straßen mehrere Pferde durchgingen, reagierte das Bezirksamt Mannheim sogleich mit dem Verbot solcher Fahrten. Franz Lipfert, Meister in der Fabrik von Benz, berichtet, dass vor dem Fabriktor Gendarmen postiert wurden, um eine Ausfahrt zu verhindern. Dass die Söhne von Benz zuweilen versuchten, durch eine Lücke im Zaun hinter der Fabrik ins Freie zu gelangen, führte nur noch zu schärferer Überwachung. (Siebertz, 1950, S. 87) Bei den Behörden gingen massive Beschwerden ein. „Zum Beispiel ein Nachbar, der gewöhnlich am Sonntag-Nachmittag mit seinen Herrschafts-Pferden auszufahren pflegte, wie es sich damals für einen Fabrikanten geziemte. Zur gleichen Stunde knatterten aber auch wir in der Regel los, und wenn die Pferde unseres kleinen Kütschelchens ansichtig wurden, stellten sie sich jedes Mal kerzengerade in die Höhe – und der Nachbar wetterte gegen uns mit Ausdrücken, die ich nicht wiederholen kann." (Siebertz, 1950, S. 88) Die Behörde verbot Benz auch dieses „Spektakel". Die Verbotspolitik wirkte sich in geschäftlicher Hinsicht so aus, dass in ganz Deutschland kein Mensch zu finden war, der einen Wagen von Benz kaufen wollte. Dies änderte sich auch nicht, als sein „Patent-Motorwagen" auf der Münchner

Kraft- und Arbeitsmaschinen-Ausstellung im September 1888 mit der „Großen Goldenen Medaille" ausgezeichnet wurde. „Obgleich man allgemein von meinem Wagen nach den Fahrten in der Ausstellung eingehend Kenntnis nahm, den das Volk nahezu für ein Wunder betrachtete", erzählt Karl Benz, „fand sich im lieben Deutschland kein Käufer." Außerdem ging auch die restriktive Behördenpolitik weiter. Am 5. Juni 1888 hatte Karl Benz beim Bezirksamt Mannheim um Aufhebung der bestehenden Verbote ersucht. Daraufhin wurde er aufgefordert, die Gemeinden, deren Straßen er benutzen wollte, im Einzelnen anzugeben. Am 1. August wurde ihm dann „bis auf Weiteres die Genehmigung zu versuchsweisen Fahrten mit dem Patent-Motorwagen auf den die Gemarkungen Mannheim, Sandhofen, Käfertal, Feudenheim, Ilvesheim, Schriesheim, Ladenburg und Neckarau durchziehenden Straßen und Wegen" erteilt. Dieses behördliche Zugeständnis führte wiederum zu entrüsteten Protesten der Bürgerschaft, die sich belästigt fühlte, und der Fuhrwerksbesitzer, deren Pferde scheu zu werden pflegten. Das Bezirksamt erließ nun zusätzliche Bestimmungen zur Geschwindigkeitsbegrenzung: „Der Rheinischen Gasmotorenfabrik wird aufgegeben, bei Begegnung des Patent-Motorwagens mit Fuhrwerken die Fahrt jeweils so rechtzeitig und in einer Weise zu verlangsamen, dass die Gefahr des Scheuwerdens der Pferde der begegnenden Fuhrwerke ausgeschlossen ist. Auf eine Entfernung von 15 Schritt vor dem begegnenden Fuhrwerke darf nicht schneller als im Tempo eines schrittfahrenden Fuhrwerkes gefahren werden; ebenso ist die Fahrt beim Überholen eines Fuhrwerkes von hinten entsprechend zu verlangsamen." (Siebertz, 1950, S. 96f.) Natürlich wollte es Benz bei der Einengung auf den Bereich Mannheim nicht bewenden lassen. Er richtete Gesuche an das Badische Ministerium des Innern, um auch Fahrten über Land genehmigt zu bekommen. Aber das Ministerium hatte keine Eile. Obwohl es bestätigen musste, dass seit der vor vier Jahren, 1888, vom Bezirksamt Mannheim erteilten Genehmigung keine Klagen über Störungen im Verkehr bekannt geworden seien, ließ die „Genehmigungsurkunde zum Befahren der öffentlichen Straßen und Wege des Großherzogtums mit dem Patent-Motorwagen ‚Benz'" bis zum 30. November 1893 auf sich warten. Sie wurde lediglich versuchsweise für die Zeit vom 1. Januar bis 31. Dezember 1894 erteilt. Dort heißt es unter anderem: „Die Fahrgeschwindigkeit darf in der Zeitstunde auf offener Straße außerhalb der Ortschaften zwölf Kilometer, innerhalb der Orte und in starken Krümmungen sechs Kilometer nicht übersteigen. Beim Begegnen mit Fuhrwerken, Zugtieren oder Reitpferden darf der Motorwagen nur ganz langsam fahren, beziehungsweise, es muss die bezeichnete Maximal-Geschwindigkeit noch weiter ermäßigt werden." (Siebertz, 1950, S. 97) Die generellen Geschwindigkeitsbeschränkungen waren nun mit sechs bzw. zwölf km/h präzise festgelegt, jedoch ließ der zweite Satz einen großen Ermessensspielraum, in welchem die Einstellung der Polizisten zum Automobil praktisch wirksam werden konnte. Sie war nicht gerade wohlwollend.

Als Borniertheit der Bürokraten mag dies dem Betrachter heute erscheinen, dem das Auto nichts als reine Selbstverständlichkeit bedeutet. Aber „Borniertheit" ist keine Erklärung, weil gerade die Bürokratie, abgesehen von Fällen besonderer Willkür und einem gewissen zeitlichen Nachhinken, eines der verlässlichsten Vollzugsorgane des gesellschaftlichen Willens darstellt. Das Alltagsdenken freilich lässt sich, solange es nicht in handfeste Widersprüche gerät, mit vordergründigen Erklärungen zumeist zufriedenstellen. Plausibel erscheint dann die Rede von den „Kinderkrankheiten" des Automobilzeitalters, die damaligen Geschwindigkeitsbeschränkungen gelten als „Kuriositäten". Die Tatsache der Ablehnung des Automobils erhält mehr oder weniger den Stellenwert eines schmückenden Beiwerks in einem im ganzen unaufhaltsamen Prozess des Fortschritts. Nur eines bleibt dabei auf der Strecke – und soll es wohl auch: ein wirkliches Verständnis des Ursprungs des Automobils.

Zunächst bleibt festzuhalten, dass die restriktive Verordnungspraxis in Automobilangelegenheiten auch um die Jahrhundertwende noch ungebrochen war. Im Winter 1899/1900 erlaubte die Münchner Polizeidirektion „im ganzen nur fünfundzwanzig Motorwagen für den ganzen Stadtbereich" und eine Autodroschken-Unternehmung wurde – obwohl auch Oskar v. Miller an ihr beteiligt war – genötigt, ihren Betrieb einzustellen „wegen des großen Geräusches, welches die Wagen verursachen, des intensiven Benzingeruches und der durch die Fehlerhaftigkeit der Wagen bedingten Betriebsstörungen". In Wien blieb das Fahren in dem von der Ringstraße eingeschlossenen Innenbezirk bis nach der Jahrhundertwende verboten; ebenso war es untersagt, mit Benzin-Motorwagen im Prater „die Hauptallee zu frequentieren" – nur „die Benutzung der ordentlichen Fahrstraßen" um den Prater herum war seit dem 11. August 1897 gestattet. Ähnliche Fahrverbote gab es laut Polizeiverordnung vom 15. April 1901 auch noch für eine große Zahl von Straßen in Berlin. (Siebertz, 1950, S. 214) Im Jahre 1903 sperrten die Magistrate von Leipzig und Breslau die Straßen der beiden Städte für den Automobilverkehr. „Man fasst sich an den Kopf und fragt sich: Wozu?", bemerkte die Zeitschrift „Automobil-Welt" zu dieser Maßnahme. (Automobil-Welt, 1903, S.502) Neben der Straßensperrung bildete die Geschwindigkeitsbegrenzung eines der wichtigsten Instrumente damaliger Automobilpolitik. Die erwähnte „Polizei-Verordnung über den Verkehr mit Kraftfahrzeugen für den Landespolizeibezirk von Berlin" vom 15. April 1901 legt in Paragraph 28 folgendes fest: „Die Geschwindigkeit der Fahrt darf bei Dunkelheit oder auf städtisch angebauten Straßen das Zeitmaß eines in gestrecktem Trabe befindlichen Pferdes (circa 15 km in der Stunde) nicht überschreiten. Außerhalb der Bebauungsgrenze darf sie, wenn gerade und übersichtliche Wege befahren werden, angemessen erhöht werden." (Der Motorwagen, 1901, S. 122f.) Ähnliches legen die „Oberpolizeilichen Vorschriften über den Verkehr mit Motorfahrzeugen auf öffentlichen Wegen, Straßen und Plätzen" vom 7. Mai 1902 für das Königreich Bayern fest. Innerhalb der Ortschaften gilt hier eine Höchstgeschwindigkeit von zwölf km in der Stunde. Außerhalb der Ortschaften war zwar nicht wie im Königreich Württemberg eine Höchstgeschwindigkeit von 30 km/h festgelegt, doch war mit dem Begriff der angemessenen Erhöhung der Geschwindigkeit ein indirektes Tempolimit erlassen, welches durch die Vorschrift des langsamen Fahrens in einer Fülle von angegebenen Situationen und die automobilfeindliche Einstellung der Polizisten unterstützt wurde.

Die erlassenen Geschwindigkeitsbegrenzungen können nicht vom erreichten Stand der Technik her gedeutet werden. Ein Vergleich mit den Ergebnissen der frühen Automobilrennen, bei welchen es selbstverständlich noch keine eigens dafür gebauten Rennwagen gab, zeigt die gewaltige Diskrepanz zwischen der gesetzlich zugelassenen und der technisch möglichen Höchstgeschwindigkeit. Bereits am 14. August 1897 wurde auf der 174 km langen Rennstrecke Paris – Trouville eine Durchschnittsgeschwindigkeit von 46 km/h gefahren. Im Jahre 1900 wurden auf einer Rundfahrt durch Südwestfrankreich über 335 km schon 70 km/h erreicht. Im Mai 1901 wurden die 587 km von Paris nach Bordeaux mit einem Schnitt von 90 km/h zurückgelegt, die Strecke Paris – Berlin im gleichen Jahr mit 70 km/h. (Lengerke, 1908, S. 19 und 22) Während also am 1. Juni 1902 für das Königreich Württemberg eine Geschwindigkeitsbegrenzung von zwölf km/h innerorts und 30 km/h außerorts festgesetzt wurde, konnte zwei Monate später bei der Ardennenfahrt der Sieger Jarrot die 512 km lange Strecke mit einem Schnitt von 86,7 km/h durchfahren. (Lengerke, 1908, S. 29) Im gleichen Jahr wurde beim ersten offiziellen Kilometerrennen eine Geschwindigkeit von 136,3 km/h erreicht. Es stellt sich somit die Frage, wodurch Geschwindigkeitsbeschränkungen von zwölf beziehungsweise 30 km/h motiviert sein konnten.

Bevor wir der Frage weiter nachgehen, soll noch ein Blick auf die Regelungen anderer Länder geworfen werden. In England wurden 1896 die Automobile unter dem Begriff „light locomotive" aus der Zuständigkeit der seit 1861/65 geltenden „Locomotiv Acts" herausgenommen und im „Locomotives on Highways Act" erleichterten Bestimmungen unterworfen. Die alte Geschwindigkeitsbegrenzung von fünf km/h wurde auf 14 Meilen (circa 22,4 km) heraufgesetzt. Der „Motor Car Act" von 1903 erhöhte schließlich die Maximalgeschwindigkeit auf 20 Meilen (32 km). Der Berliner Rechtsanwalt und Automobil-Lobbyist Isaac schreibt dazu 1905 in der Zeitschrift „Automobil-Welt", dass England damit die Geschwindigkeitsmaxima aller übrigen Länder übertroffen habe, „insbesondere auch Deutschland, wo die Geschwindigkeitsgrenze niemals über 30 km hinaus festgesetzt worden ist." (Automobil-Welt, 1905, S. 428) Automobilfreundlicher zeigten sich auch die Vereinigten Staaten nicht. Wenngleich sie auch später allgemein den Ruf des automobilfreundlichsten Landes der Welt erwarben, unterwarfen sie doch in der Frühzeit das Automobil einer strengen Gesetzgebung. Beispielsweise galt 1904 in New York ein fünfstufiges System von Geschwindigkeitsbegrenzungen zwischen vier und 20 Meilen (6,4 und 32 km) in der Stunde. Vier Meilen durften nicht überschritten werden beim Kreuzen eines Dammes oder einer Chaussee, deren Fahrweg weniger als 20 Fuß breit war. Acht Meilen waren einzuhalten in dicht bebauten Stadtteilen. Zehn Meilen durfte die Geschwindigkeit höchstens betragen beim Vorbeifahren an einer öffentlichen Schule zwischen acht und 16 Uhr und an einer Kirche während des Sonntagsgottesdienstes. Auf 15 Meilen konnte die Geschwindigkeit erhöht werden auf Straßen, deren Häuser über 100 Fuß entfernt standen. Die Höchstgeschwindigkeit von 20 Meilen (32 km) außerhalb geschlossener Ortschaften galt außer für New York auch für New-Jersey und Pennsylvania. Lediglich 15 Meilen (24 km) außerhalb geschlossener Ortschaften erlaubten die Staaten Connecticut, Massachusetts, Vermount und Maine. Diese Bestimmungen konnte der bereits zitierte Anwalt Isaac noch mit der nüchternen Feststellung kommentieren, „dass man auch im Lande der Freiheit das Automobil nicht mit Glacée-Handschuhen anfasst". (Automobil-Welt, 1904, S. 400) Das Prozessverfahren aber, das die amerikanischen Automobilgesetze speziell für das Automobil erfunden hätten, und die Strafbestimmungen, wonach schon bei der ersten Übertretung einer Vorschrift 50 Dollar (circa 210 Mark) verhängt werden, während in Deutschland das Strafmaximum 60 Mark beträgt, sind ihm unfassbar. Er kommt zu dem Schluss: „Im übrigen aber sind es Ausnahmegesetze, würdig einer Spitzbubenbande, nicht aber des Automobils, der voiture de demain." (Automobil-Welt, 1904, S. 401)

Die Motivation des Widerstands gegen das Automobil, am Beispiel der Reichstagsdebatten um ein Kraftfahrzeug-Haftpflichtgesetz zwischen 1904 und 1909

Das Resümee der behördlichen Verordnungspraxis gegenüber dem Automobil in den ersten zwei Jahrzehnten seit dem „Patent-Motorwagen" von Benz kann kaum anders lauten als: Das Automobil wurde nicht freudig begrüßt bei seinem Erscheinen auf der Welt, sondern als erst zu bändigende, gefährliche Macht erlebt. Denkbar wäre ja – und der Bürger der totalen Automobilgesellschaft am Ende des 20. Jahrhunderts unterstellt dies auch meistens –, dass das Automobil bei seinem Auftauchen als Befreiung vom Joch der langsamen und mühsamen Fortbewegung bejubelt wurde und man es zu schätzen wusste, dass nun alles schneller, bequemer und leichter vonstattengehen konnte. Dass das Gegenteil der Fall war, wirft die Frage auf, was es denn war, das man mit dem Aufkommen des Automobils nicht hinnehmen wollte. Wesentliche Rückschlüsse erlauben die Gesetze und Verordnungen selbst. Sie sind allesamt restriktiver Art. Als ginge es darum, einen bissigen Hund einzufangen und an die Kette zu legen, richten sie Barrieren auf und setzen Grenzen. Viele Straßen sind für das neue Gefährt gänzlich gesperrt, manche Orte sind nur gegen Entrichtung eines bestimmten Pflasterzolls befahrbar. Vor allem aber werden der Fahrgeschwindigkeit Grenzen gesetzt und zahlreiche „Fallen" zur Überführung der „Raser" eingerichtet.

Wogegen man sich mit dieser Grenzsetzungspolitik aber eigentlich wehren wollte, lässt sich auch auf der sprachlich-argumentativen Ebene der damaligen öffentlichen Diskussion zum Thema des Automobils erschließen. Die Presse berichtete ausgiebig über das Unfallgeschehen und verband damit meist eine ablehnende Meinung zum Automobil. Auch in den Automobil-Fachzeitschriften spiegelt sich der Protest und Widerstand, insofern diese gegen die allgemeine „Automobilfeindschaft" anzukämpfen versuchten. In der wohl repräsentativsten Form aber äußern sich die Stimmung und deren Hintergründe in den Reichstagsdebatten um ein Automobilgesetz zwischen 1904 und 1909, welches schließlich mit dem Kernpunkt der Haftpflicht am 27. März 1909 vom Reichstag verabschiedet wurde. Vorweg muss gesagt werden, dass die Diskussion um ein Kraftfahrzeug-Haftpflichtgesetz insgesamt bereits einen Wendepunkt in der Automobilgeschichte markiert. Das Ende des Protestes und des Widerstandes ist damit im Grunde schon beschlossene Sache. Denn Anstrengungen zur Regelung der Schadensverwaltung setzen voraus, dass man sich mit dem Umstand, dass das Automobil in spezifischer Weise schadensverursachend wirkt, bereits abgefunden hat. Wiewohl es also bei den Debatten um ein Kraftfahrzeug-Haftpflichtgesetz um die Verpflichtung zu Schadensersatz und Wiedergutmachung, mithin nur um die Folgeprobleme bereits eingetretener Schadensfälle geht, spiegelt die Argumentation noch deutlich die Empörung und Fassungslosigkeit gegenüber der neuen Gefahr, die mit dem Automobil verbunden ist. Der nationalliberale Reichstagsabgeordnete und Vorkämpfer für ein Kraftfahrzeug-Haftpflichtgesetz Prinz zu Schönaich-Carolath trug in seiner Rede vom 9. Februar 1906 dem Reichstag anhand von Presseberichten eine Liste von 16 Autounfällen vor, die sich in der Zeit vom Dezember 1905 bis Januar 1906 ereignet hatten. Bei fast allen kamen drei Dinge zusammen: tödlicher Ausgang, überhöhte Geschwindigkeit, Fahrerflucht. Der Redner verband damit die Frage, ob man sich einen solch „grauenhaften Unfug", wie ihn die Automobile anrichteten, wirklich gefallen lassen dürfe. (Stenographische Berichte, 1905/1906, S. 1143ff.) Bei der

Debatte der ersten Vorlage des Entwurfs eines „Gesetzes über die Haftpflicht für den bei dem Betriebe von Kraftfahrzeugen entstehenden Schaden" vom 1. März 1906 – welcher unerledigt blieb – setzten die Redner das Automobil häufig in Relation zur Eisenbahn, welche für jeglichen Schaden haftete. Die Betriebsgefahr bei den Automobilen, insbesondere die Kollisionsgefahr sei aber wesentlich höher. Während die Eisenbahn sich auf einem eigenen Bahnkörper bewege, hätten es die Automobile, die an eine besondere Linie nicht gebunden seien, an sich, dass sie „ganz unerwartet plötzlich auftauchen und dadurch auch für Leute, die gute Augen und gutes Gehör haben, ernste Gefahren mit sich bringen". (Stenographische Berichte, 1905/1906, S. 2734) Die Erfahrungen der Abgeordneten stimmten weithin überein. Das Automobil sei „gerade durch seine Allgegenwart und Plötzlichkeit so außerordentlich gefährlich und gefahrdrohend und beunruhigend geworden", erklärte Schönaich-Carolath 1908 im Reichstag. (Verhandlungen, 1908, S. 5268) Dabei konnte man ihm nicht einmal eine irrational automo-

Abb. 5 „Das habe ich gleich gewusst: wenn ich den Dreizehnten überfahre, ist die Maschine beim Teufel." Simplicissimus, 1908

40

bilfeindliche Haltung unterstellen, hatte er doch in einem Interview mit der Zeitschrift „Automobil-Welt" vom 3. Juni 1905 der erstaunten Fachwelt mitgeteilt, dass er sich nächstens selbst ein Automobil anschaffen werde, weil es das bequemste und angenehmste Beförderungsmittel sei. (Automobil-Welt, 1905, S. 888) Auch nahezu alle anderen Debattenredner benutzten die Argumentationsfigur, zunächst jeden Verdacht von Automobilfeindlichkeit weit von sich zu weisen und den erwünschten Fortschritt des Automobils zu begrüßen, um dann sich dem Thema der Gefährdung durch das neue Fahrzeug zuzuwenden. Der Abgeordnete Traeger von der Freisinnigen Partei nahm dies denn auch zum Ausgangspunkt seiner Rede: „Meine Herren, es gibt Debatten, bei deren Beginn jeder, der den Gegenstand wirklich oder scheinbar angreifen will, zunächst sein Kompliment davor macht und alle Vortrefflichkeiten des betreffenden Gegenstandes hervorhebt... Und so möchte ich denn zu meiner persönlichen Sicherheit zunächst erklären, dass ich in vollkommener Übereinstimmung mit meinen politischen Freunden das Automobil aufs höchste schätze." (Verhandlungen, 1908, S. 5270) Selbstverständlich müsse auch der Automobilindustrie jeder Weg geebnet werden – „nur der Weg über Leichen nicht". Dann fuhr der Abgeordnete fort: „Dass die Automobilindustrie in ihrer Entwicklung, natürlich ganz wider ihren Willen, diesen Weg genommen hat, das kann kein Verständiger leugnen, wenn er die Ziffern der Unglücksfälle ansieht." (Verhandlungen, 1908, S. 5270). So ungeschminkt nannten zwar nicht alle Redner den Weg des Automobils leichengepflastert, aber es fehlte quer durch die Parteien nie die Betroffenheit über die ständig wachsende Zahl der Unfälle und Toten. Dass sie in so „erschreckender Weise" zunahmen, machte in damaliger Wahrnehmung die Dringlichkeit eines Haftpflichtgesetzes aus. Der Abgeordnete Bitter von der Zentrumspartei nannte auch Zahlen, um die „ganz außergewöhnliche Gefährdung" durch das Automobil greifbar zu machen. Im deutschen Reich betrug die Zahl der Unfälle im Sommerhalbjahr 1906 2290, während sie sich im Sommerhalbjahr 1907 schon auf 3240 belief. „Noch stärker ist die Zunahme der tödlichen Verletzungen, ihre Zahl ist von 51 im Sommerhalbjahr 1906 auf 82 im Sommerhalbjahr 1907 gestiegen." (Verhandlungen, 1908, S. 5274; vgl. Kuhn, 1907)

Dass 100 beziehungsweise 200 Tote im Jahr, bezogen auf das gesamte deutsche Reich, damals eine derartige Bestürzung hervorrufen konnten, dass Regierung und Reichstag in Bewegung gesetzt wurden, um ein spezielles Gesetz für das Automobil, insbesondere ein spezifisches Haftpflichtgesetz zu beschließen, muss den Nachfahren ein halbes Jahrhundert später, die z. B. von den fast 20.000 jährlichen Verkehrstoten Anfang der siebziger Jahre des 20. Jahrhunderts nicht sonderlich bedrückt waren, gänzlich unverständlich sein. Die damalige Wahrnehmung bedarf umso mehr einer Erklärung, weil auf ihrer Basis, wenn auch mit einigen Abstrichen, ein Kraftfahrzeug- und Haftpflichtgesetz durchgesetzt werden konnte, gegen das die Automobilindustrie und die Verbände Sturm gelaufen waren. Als der Regierungsvertreter im Jahr 1908 bei der zweiten Vorlage eines Gesetzentwurfs – diesmal umfassender als „Gesetz über den Verkehr mit Kraftfahrzeugen" benannt – das Vorhaben erläuterte, stritt er die Notwendigkeit der Unterscheidung zwischen Automobilverkehr und gewöhnlichem Wagenverkehr nicht ab, „weil zweifellos mit dem Automobilverkehr größere und ernstere Gefahren verbunden sind als mit dem übrigen Verkehr, der auf der Straße sich bewegt". (Verhandlungen, 1908, S. 5264) Dass mit dem Automobil ein neuer Grad und Typ von Gefahr aufgetreten war, wurde von keiner Seite bestritten.

Wie ein Automobilrennen sein müsste, wenn es die ganze liebe Bevölkerung löblich finden sollte.

Ein Automobilrennen nach Schilderung der sportfeindlichen Tagespresse, der Krakehler, Hämorrhoidarier u.s.w.

Abb. 6   Allgemeine Automobil-Zeitung, Mai 1903

Dies war der eigentliche Grund, warum überhaupt ein eigenes Gesetz für das Automobil auf den Weg gebracht worden war. Man war sich darüber einig, dass die Bestimmungen des Bürgerlichen Gesetzbuches nicht mehr ausreichten, vor allem nicht „zum Schutz des Publikums". Besonders beunruhigend war die Erfahrung, dass die mit dem Automobil verbundene Gefahr nicht mehr in den Katalog der bekannten Gefahren einzuordnen war. Ältere Menschen und Kinder, Personen mit schwachen Augen und schlechtem Gehör, aber auch ganz gesunde Menschen wurden vielfach Opfer des Automobils, in einer Weise, dass man auf keiner Seite von Schuld sprechen konnte. Schuld konnte nicht das Kind sein, dass unvorsichtig über die Straße und ins Auto lief, schuldig aber auch nicht der Automobilfahrer, dem keine Zeit zum Anhalten mehr blieb. Man war also mit der bisher nicht bekannten Situation konfrontiert, dass faktisch auch da Schaden entsteht, wo man nicht von Schuld sprechen kann und wo auch „höhere Gewalt" nicht im Spiele ist. Es handelte sich um die Erfahrung, dass von dem neuen Verkehrsmittel auch jenseits von menschlichem Fehlverhalten Gefahr ausgeht. Die Begründung zur ersten Gesetzesvorlage von 1906 spricht diesen Tatbestand mit aller Deutlichkeit aus: „Vollständig versagt das geltende Recht in den Fällen, in welchen der Unfall überhaupt nicht durch ein Verschulden, sondern durch die dem Automobilverkehr als solchem innewohnende Gefährlichkeit herbeigeführt worden ist." (Stenographische Berichte, 1905/1906, S. 3246f.) Ein solcher Faktor war bisher in der Welt nicht existent gewesen. Bisher waren, abgesehen von „höherer Gewalt", Unfall und Gefahr immer durch das Verschulden eines der Beteiligten verrechenbar gewesen. Nun musste man die Erfahrung machen, dass dann, wenn man nur menschliches Versagen und menschliche Schuld in Rechnung stellen würde, ein bedeutsamer Rest ungelöster Problematik übrig bliebe. Somit konnte die Schlussfolgerung aus der Erkenntnis, dass dem Automobil als solchem eine besondere Gefährlichkeit innewohne, nur sein, es unbedingt, d. h. in allen Fällen haftbar zu machen. In der Begründung zur ersten Vorlage heißt es dazu: „Es entspricht auch der Billigkeit, dass der Unternehmer eines mit gemeiner Gefahr verbundenen Betriebs für den aus dem Betrieb entstehenden Schaden ohne Rücksicht auf eigenes Verschulden verantwortlich gemacht wird." (Stenographische Berichte, 1905/1906, S. 3247) Es ging darum, das Verschuldungsprinzip durch das Gefährdungsprinzip zu ersetzen. Als die zweite Vorlage von 1908 nicht mehr vom Gefährdungsprinzip ausging, – auf Veranlassung des Kaiserlichen Automobilclubs, wie Abgeordnete vermuteten – wurde es in den Kommissionsberatungen erneut durchgesetzt. Der Abgeordnete Bitter von der Zentrumspartei, der für dieses Prinzip kämpfte, hielt es nur für gerechtfertigt, „wenn es sich um eine ganz außergewöhnliche Gefährdung handelt". (Verhandlungen, 1908, S. 5273) Der Abgeordnete Wagner von der Deutschkonservativen Partei hielt nur für den einzigen Fall, dass nachgewiesen werden kann, dass der Geschädigte selbst am Unfall schuldig ist, die Ersatzpflicht für ausgeschlossen. Wenn dies aber nicht der Fall sei, „dann mag die Gefahr des Zufalls der tragen, der ein immerhin gefährliches Werkzeug, wie es das Automobil ist, hält und in Bewegung setzt". (Verhandlungen, 1908, S. 5267) Aus dieser juristischen Entwicklung lässt sich über die neue Qualität der Gefahr, die man erlebte, ableiten, dass mit der Einführung des Gefährdungsprinzips das Eingeständnis einhergeht, dass man sich nicht mehr wie früher selbst den Gefahren gewachsen sah. Während unter der Geltung des Verschuldungsprinzips die Überzeugung bestand, dass, abgesehen von „höherer Gewalt", nur menschliches Versagen Gefährdung verursacht, musste nun ein Prinzip eingeführt werden, das jenseits menschlicher Verantwortung Problemlösungen herbeiführen sollte. Ließ sich bisher das Erleben von Gefahr in einen Schuldzusammenhang einordnen, war es nun nicht mehr weiter rückführbar. Dieser neuen Gefahr gegenüber schien nichts anderes übrig zu bleiben, als sie zum Prinzip zu erheben.

Worin sollte nun die dem menschlichen Verfügen und Verschulden entgleitende Art von Gefährdung bestehen? Ein Abgeordneter hielt die Anwendung des Gefährdungsprinzips „bei allen maschinellen Einrichtungen", somit auch beim Automobil für notwendig. Der sozialdemokratische Abgeordnete Stadthagen sah die Gefährdung zwar nicht so generell mit jeder Art von Maschine verknüpft, wohl aber mit einer Reihe bestimmter Dinge und Techniken, die „an sich" geeignet seien, Schaden zuzufügen. „Ich will annehmen: Pulver, Dynamit, Sprengstoffe, Elektrizität, motorische Kraft usw." (Verhandlungen, 1909, S. 7795) Wenn jemand solche Dinge benütze, habe er für einen angerichteten Schaden zu haften, „auch wenn er innerhalb der zulässigen Grenzen handelt". In dieser Reihe der „an sich" gefährlichen Dinge, also der Dinge, von denen unabhängig von der Art ihrer Verwendung Gefahr ausgeht, wurde auch das Automobil gestellt. Als Ursache kam vieles in Frage: die Antriebsmittel Benzin, Elektrizität, Dampf; das Geräusch des Automobils, ein Versagen der Lenkung usw. Der Abgeordnete Träger lokalisierte die Gefahr „in der Kompliziertheit der Maschine, die bald versagt, bald zu viel treibt, in den Stoffen, mit denen das Automobil genährt wird, und die eine Explosionsgefahr begründen, auch, meine Herren, in dem Geräusch, das kaum der Mensch und das noch sensitivere Pferd noch weniger vertragen kann". (Verhandlungen, 1909, S. 7765) Aber die Statistik besagte bereits, dass die genannten Gefahrenquellen nur bei 2,1 Prozent der Unfälle verantwortlich waren, während die Unfälle zu 97,9 % auf die Geschwindigkeit zurückgeführt wurden.

Die zu hohe Geschwindigkeit und die „Raserei", wie man sich vielfach auszudrücken pflegte, zog sich denn auch wie ein roter Faden durch die automobilkritischen Debattenbeiträge des Reichstags. Schon in der Begründung zur ersten Vorlage eines Haftpflichtgesetzes von 1906 hieß es knapp und deutlich: „Die Gefahren des Automobilbetriebs beruhen namentlich darauf, dass die Kraftfahrzeuge zur Entwicklung einer ungewöhnlichen Geschwindigkeit imstande und regelmäßig auch bestimmt sind". (Stenographische Berichte, 1905/1906, S. 3247) Schönaich-Carolath hielt den Begriff „fahren" für die von ihm beobachtete Fortbewegungsweise der Automobile für nicht zutreffend: „Die Automobile durchfahren – ich darf wohl, ohne Widerspruch zu finden, sagen: durchrasen – unsere Straßen und Wege." (Stenographische Berichte, 1905/1906, S. 2732) Andere sprachen vom „rasend dahineilenden" Kraftfahrzeug, das noch zusätzlich durch die schlechten Straßen zur Gefahr werde. Der „einherrasende" Automobilfahrer müsse gerade „mit Rücksicht auf die große Geschwindigkeit, welche das Automobil zu entwickeln vermag, und welche das Entstehen von Unglücksfällen begünstigt", einem eindeutigeren Haftpflichtgesetz unterworfen werden. Überhaupt bestand ein fast durchgehender Konsens, dass Unfälle vor allem durch „frivoles zu schnelles Fahren" passierten und dass generell die mit dem Automobilismus verbundenen Gefahren aus der Schnelligkeit entstünden. (Verhandlungen, 1909, S. 7792f.) Das häufig gebrauchte Wort von der Raserei gibt indes einen interessanten Hinweis darauf, was die Geschwindigkeit mit der der menschlichen Verfügung und Verantwortung entgleitenden Gefährdung zu tun hat. „Rasen" bedeutet vor der Ära des schnellen Fahrens, die Selbstkontrolle verloren zu haben, so dass ein ungezügeltes, aggressives Verhalten zum Durchbruch kommt. Dass dieser Begriffsinhalt auch im Zeitalter der Motorisierung, wo mit „Rasen" sehr schnelles Fahren gemeint ist, mindestens damals noch deutlich vorhanden war, zeigen zahlreiche Äußerungen bei den Automobildebatten des Reichstags. Man nahm das Auto als ein Fahrzeug wahr, über das der Fahrer „keineswegs in jedem Moment so voll verfügen kann, dass jede Gefahr ausgeschlossen ist". (Stenographische Berichte, 1905/1906, S. 2735) Mancher Redner versuchte das Phänomen psychologisch zu erklären. Der Staatsminister Graf v. Posadowsky-Wehner hatte sich aufgrund eigener Erfahrung davon überzeugt, „dass das Automobilfahren eine eigentümliche psychologische Wirkung auf den Passagier ausübt: man verliert nämlich vollkommen das Gefühl für die Schnelligkeit der Bewegung. Darin liegt meines Erachtens die innere Ursache dafür, dass so häufig Automobilisten mit solch übergroßer Schnelligkeit fahren". (Stenographische Berichte, 1905/1906, S. 1147) Der Abgeordnete Träger formulierte diesen Persönlichkeitsverlust drastischer: „Wenn sie im Automobil sitzen und sich nicht sehr in der Gewalt haben, so kommt ein gewisses Herrscherbewusstsein über Sie, ein – wie soll ich sagen – Geschwindigkeitswahnsinn, der dem Größenwahnsinn sehr nahe verwandt ist. Wenn sie drin sitzen, muss Ihnen alles aus dem Wege gehen, und sie sind berechtigt, eine Gans sowohl wie eine alte Botenfrau zu überfahren, wenn sie Ihnen gerade in den Weg kommt." (Verhandlungen, 1908, S. 5270) Man schrieb der automobilen Geschwindigkeit die Fähigkeit zu, den Menschen selbst zu verändern, ihm die sonst geübte Rücksicht abhandenkommen zu lassen. In welchem Maß Rücksichtslosigkeit bei den Autofahrern um sich gegriffen hätte, zeige die Erbitterung in der Bevölkerung gegenüber dem Automobil. „Mich empört es manchmal geradezu", sagte der schon zitierte Staatsminister Posadowsky-

Wehner, „mit welcher Rohheit – ich muss dieses Wort hier aussprechen – Automobilfahrer hier bisweilen fahren, wenn auch die Straße überfüllt ist; aber das ist Ihnen offenbar ganz egal!" (Stenographische Berichte, 1905/1906, S. 1147)

Abb. 7   Schnauferl, 1904

Die Vorwürfe der Rücksichtslosigkeit und der „ganz unglaublichen Rohheiten" machen nun folgendes deutlich: Obwohl man für das Gefährdungsprinzip kämpfte – weil damit der Geschädigte noch am ehesten zu seinem Recht kam – und man damit eingestand, dass vom Automobil unabhängig von menschlicher Verantwortung Gefährdung ausging, zielten die empörten Äußerungen gegen das Automobilunwesen dennoch auf moralische Verurteilung, appellierten also noch an die Verantwortung des einzelnen Automobilfahrers. Genau dieser Widerspruch aber weist auf eine im Gang befindliche, tiefgreifende Wende hin. Während man nämlich bei der praktischen Schadensregelung durch die Annahme des Gefährdungsprinzips, ohne es recht zu merken, bereits jenseits des Wendepunkts angelangt war, war man in Wirklichkeit noch immer nicht bereit, dieses neu in die Welt gekommene Phänomen einer von menschlicher Schuld unabhängigen Gefährdung überhaupt als Realität zu akzeptieren. Die Fassungslosigkeit darüber, dass es so etwas überhaupt geben sollte, spricht aus vielen Beiträgen. Die mit dem Automobil als solchem verbundene Gefährdung konnte hinsichtlich der Straßenverkehrsordnung nur die eine Konsequenz haben, dass dem Automobil prinzipiell nichts in den Weg kommen durfte beziehungsweise dass es einen ausschließlich ihm zustehenden Raum zugewiesen bekam. Einstweilen aber empfand man es noch als unerhörte Anmaßung und war nicht bereit, das Feld zu räumen. Schönaich-Carolath richtete 1906 die entrüstete Frage an den Reichstag: „Woher kommt es eigentlich, dass das Automobil auf unseren Straßen ein Herrenrecht beansprucht, dass es auftritt, als ob es, das Automobil, der Herr der Straße wäre, und als ob die übrigen nur dazu da wären, gehorsam und untertänig dem Automobil aus dem Wege zu laufen – ich möchte fast sagen: zu stürzen. Wie kommt das Automobil dazu, und weshalb lassen die verbündeten Regierungen diesen Unfug noch länger bestehen und dulden ihn?" (Stenographische Berichte, 1905/1906, S. 1144) Dass die Straßen, auf denen sich die Automobilfahrer als Herren fühlten, doch nicht ausschließlich für sie gebaut seien, sondern zugunsten der Allgemeinheit, wurde immer wieder moniert. Eine Anmaßung richtete sich gegen die Gruppe der Kinder: „Die Kinder in den Dörfern, in den Landstädten und auch in den großen Städten haben sich nun einmal daran gewöhnt, die Straßen und Wege als ihren Erholungsort zu betrachten; das sind Kinder von Leuten, denen keine Parks, Gärten und Anlagen zur Verfügung stehen, und wir werden diese Straßen den Kindern und der Jugend nicht nehmen wollen und können." (Verhandlungen, 1908, S. 5268) Einen anderen Aspekt der automobilen Anmaßung sah der SPD-Abgeordnete Stolle: „Jeder Naturfreund, möchte ich sagen, wird durch die Luxusautos geschädigt. Sonntags früh, wenn die in der Fabrik abgearbeiteten Leute einen Ausgang machen und frische Luft schöpfen wollen, dann kommt ein Auto gesaust, spritzt rechts und links den Straßenschmutz in die Höhe, so dass den Leuten, da sie nicht in die Wiesen und in den Wald hineindürfen, das beste Kleid ruiniert wird." (Verhandlungen, 1909, S. 7760) Aber nicht nur die SPD und die Arbeiter protestierten, auch die Deutschkonservative Partei empfand das Automobil als anmaßenden Einbruch in die alte Welt: „Der ruhige Bürger, der am Sonntagnachmittag zu seiner Erholung spazieren geht, kann nicht mehr auch auf der entlegenen Landstraße mit einiger Muße und Seelenruhe sich bewegen, ganz abgesehen von der Belästigung durch den Geruch, weil jeden Augenblick ein Automobil daherbrausen kann und ihm den früher schönen stillen Genuss verdirbt." (Verhandlungen, 1908, S. 5266). Die angeprangerten Verhältnisse zeigen, dass man eine bislang geltende Selbstverständlichkeit infrage gestellt sah, dass nämlich alle Arten von Verkehrsteilnehmern mit gleichem Recht die öffentlichen Straßen, Wege und Plätze benutzen konnten. Man betrachtete das beanspruchte Herrenrecht als genauso illegitim wie einen mit Gewalt an die Macht gekommenen Usurpator. Die Beanspruchung von Sonderrechten oder eigens reservierter Teile der Erdoberfläche wurde empfunden wie das Verhalten eines Sieges über ein besiegtes Land.

Wie man nicht bereit war, auf den öffentlichen Straßen, Wegen und Plätzen vor dem Automobil das Feld zu räumen, so wollte man die Opfer, die es forderte, nicht hinnehmen. Ein Abwägen der Vorteile des Automobils gegen die Verletzten und Toten fand derzeit noch nicht statt. Man wollte dem neuen Fahrzeug allein des Umstands wegen, dass es als „gefährliches Instru-

Abb. 8 „Siehst Du, so bringt man am schnellsten einen Fettfleck mit Benzin weg!"   Meggendorfer Blätter, 1906

ment" angetreten war, keinen Vorrang einräumen. Keinen Tribut zahlen zu wollen, konnte aber nur heißen, gegen die Gefahr als solche zu kämpfen. Der so geartete Widerstand war fundamental. Trotz vielfacher verbaler Beteuerung, dass nur gegen die

Auswüchse eingeschritten werden müsse und in keiner Weise gegen die mechanische Kraft als solche, wurde doch das Faktum der mit dem Motorwagen verbundenen neu-artigen Gefährdung nicht akzeptiert.

Der Körper als Maß möglicher Geschwindigkeit und die Folgen seiner Überschreitung

Dies alles ist nur verstehbar, wenn man annimmt, dass eigentlich kein Vertrauen in die ergriffenen Maßnahmen, vor allem der Geschwindigkeitsbegrenzungen, bestand. Im vorgebrachten Protest ist bereits die Ahnung mitenthalten, dass die administrativen Grenzsetzungen die anrollende Gewalt nicht würden aufhalten können. Die Argumentation setzte bewusst oder unbewusst voraus, dass nicht eine in Kontinuität verlaufende Entwicklung zur größeren Geschwindigkeit und Bequemlichkeit, sondern eine historische Wende entstand. Bislang war der Körper das Maß möglicher Geschwindigkeit gewesen. Zwar hatte der Mensch in der bisherigen Geschichte vor der Motorisierung seine Fortbewegung auch nicht ausschließlich mit dem eigenen Körper durchgeführt, sondern sich auch von anderen tragen oder ziehen lassen, auf dem Rücken von Elefanten und vor allem von Pferden sich fortbewegt und den mit Pferden bespannten Wagen benutzt. Damit konnte man die Fortbewegung einem kräftigeren und ausdauernderen Körper, als es der eigene war, anvertrauen. An Schnelligkeit kam man aber, mit Ausnahme des Reiters, nicht wesentlich über das auch dem menschlichen Körper mögliche Maß hinaus. Als im 17. Jahrhundert in England die Kutsche als Fortbewegungsmittel bei Landreisen in Gebrauch kam, führte man gleichzeitig den „Footman" ein, den Läufer, der den Wagen begleitete, um bei auftretenden Schwierigkeiten eingreifen zu können. (Kloeren, 1935, S. 192) Auf den wenig befestigten Wegen war es seine Aufgabe, die Kutsche vor dem Umkippen zu bewahren. Auf dem letzten Stück der Strecke lief er voraus, um die Ankunft anzukündigen. Zweck dieser Art zu reisen war, bestimmte Unannehmlichkeiten und Anstrengungen des Fußmarsches zu vermeiden, jedoch nicht, über die menschenmögliche Geschwindigkeit hinauszukommen. Man wollte bisweilen sogar die Ebenbürtigkeit zwischen Mensch und Pferd hinsichtlich ihrer Schnelligkeit festgehalten wissen, wie ein Bericht aus der elisabethanischen Zeit zeigt, wonach ein Läufer zwecks Beschaffung einer Arznei eine Strecke von 148 Meilen in weniger als 42 Stunden im Laufe zurücklegte. Im Bericht wird hinzugefügt, dass kein Pferd diesen Auftrag so gut und sicher hätte ausführen können. (Kloeren, 1935, S. 193) Man hatte also vor der Motorisierung zur Erleichterung der Fortbewegung mit dem Pferd einen animalischen Verwandten, der über größere Kraft verfügte, eingespannt. Abgesehen davon, dass seine Leistung höher war als die des eigenen Körpers, blieb das Pferd mit diesem doch vergleichbar. Wie beim menschlichen Körper sind Kraft und Schnelligkeit auch beim Pferd prinzipiell begrenzt, es ermüdet und bedarf bestimmter Ruhephasen. So blieb die Geschwindigkeit des Pferdewagens im Rahmen der animalischen Verwandtschaft von menschlichem Körper und Tier.

Der Motorwagen dagegen schuf eine zweite Ebene und damit eine Diskrepanz zwischen körperlicher und überhaupt möglicher Geschwindigkeit. Dieser Diskrepanz musste zum Beispiel die frühere Vereinbarkeit zwischen den auf der Straße spielenden Kindern und dem Verkehr zum Opfer fallen. Solange es in der Fortbewegung keine höhere Geschwindigkeit als die körperliche beziehungsweise animalische gab, war eine Abgabe der Verantwortung, außer an überirdische Mächte, nicht möglich. Sie war aber auch nicht nötig, weil es im Rahmen der gesamtkörperlichen Identität verblieb, auf die Geschwindigkeit, die der Körper zustande bringen konnte, auch reagieren zu können. Der Reiter, der höhere Geschwindigkeit erreichen konnte, hatte es beim Pferd mit einem Verkehrsmittel zu tun, das einen Teil der Steuerungsfunktionen selbst übernahm. Wo dennoch Unfälle passierten, konnte man persönliche Schuld unterstellen. Das Auto aber installierte nun Geschwindigkeiten, die jenseits der körperlichen Möglichkeiten lagen. Der entscheidende Wendepunkt besteht darin, dass bei Überschreitung der Fußgängergeschwindigkeit von etwa sechs km/h beziehungsweise der Geschwindigkeit „eines in gestrecktem Trabe befindlichen Pferdes" von ca. 14 km/h – welche in den bundesstaatlichen Polizeiverordnungen nach der Jahrhundertwende für Automobile vorgeschrieben worden war – der Körper in seiner Fortbewegungsfunktion suspendiert ist. Wird diese Grenze überschritten, handelt es sich um keine *körperliche* Geschwindigkeit mehr. Der Körper wird nur noch mittransportiert wie ein Stück Frachtgut. Als Fortbewegungsmittel ist er ausgeschieden. Ohne die Feststellung, dass jenseits der animalischen Geschwindigkeit der Körper als aktiver und bestimmender Faktor gar nicht mehr dabei ist, ist die neue Situation nicht erfassbar. Wo der Körper nicht mehr im Spiel und seine Funktion an eine Maschine abgegeben wird, kann auch die Steuerung, die dem Körper gegenüber erwartet wird, nicht mehr verlangt werden.

Die Geschichte der Abneigung und Ablehnung des Automobils in den ersten Jahrzehnten seiner Existenz findet somit eine körpergeschichtliche Erklärung. Die restriktive Verordnungspraxis, die Straßensperren, die Geschwindigkeitsbegrenzungen, der Protest gegen die automobile Anmaßung und die Empörung über die Verletzten und Toten standen im Zeichen des Festhaltens am – bis zum Aufkommen der Eisenbahn noch nie angetasteten – körperlichen Monopol der Fortbewegung. Man versuchte den Motorwagen nach Maßgabe des Pferdewagens in die Schranken zu weisen. Die mit dem Automobil verknüpfte neuartige Gefährdung wurde als unzulässige Überschreitung der animalischen Grenzen in der Fortbewegung wahrgenommen. Die ehemals vorgegebenen körperlichen Grenzen wurden deswegen nun verordnet. Dass man mit dieser Reaktion die neuartige Gefahr bannen wollte, zeigt, dass man die Bedrohung in der Abkopplung des Körpers von der Fortbewegung erlebte. War der Körper seiner Dienste enthoben und zum Frachtgut geworden, fiel der einzige Garant dafür fort, dass keine Sonderrechte im Verkehr angemaßt und Tote zum akzeptierten Faktum werden konnten. Den Weg, für das gefährliche Produkt die Erdoberfläche entsprechend zu präparieren und ihm immer mehr Tote zu opfern, konnte man erst gehen, als man mit dem aufs Altenteil gesetzten Körper ein mit positiven Erwartungen gefülltes Kulturprojekt verbinden konnte.

ZWEITES KAPITEL

DER WEG ZUR DURCHSETZUNG DES AUTOMOBILISMUS

Abb. 9 Motor, Juli 1913

Aus der skizzierten Szenerie der Ablehnung und des Protests geht hervor, dass es sich für den Automobilismus um ein sehr ernstes Problem handelte. Was vordergründig als Problem der größeren oder geringeren Toleranz und Flexibilität gegenüber hoher Geschwindigkeit erschien, war in Wirklichkeit eine Entweder-oder-Frage. Was sich als Kontinuität von langsam, aber ständig zunehmender Geschwindigkeit darbot, enthielt an einem genau angebbaren Punkt eine scharfe Bruchstelle. Bis zu diesem Punkt war die Geschwindigkeit Sache des Körpers, von ihm, wenn notwendig, selber zu leisten und mit ihm übereinstimmend. Jenseits dieses Punktes aber traten Körper und Geschwindigkeit auseinander. Der Körper vermochte sie nicht mehr zu leisten, er verlor seine Funktion in der Fortbewegung. Die automobile Geschwindigkeit war nur realisierbar, wenn der Körper und seine Mitwirkung ausgeschaltet wurden. Dagegen aber richtete sich der Widerstand. Die Abwehr galt der drohenden Körperlosigkeit.

Mit der Körperlosigkeit hat bisher nur das Abwehrverhalten der Automobilgegner („Widerautler") oder zumindest -kritiker eine Erklärung gefunden. Es erwies sich als motiviert durch den drohenden Verlust des bislang bestehenden körperlichen Fortbewegungsmonopols. Eine kulturphilosophisch angelegte Geschichte des Automobils hat aber vor allem zu erklären, aufgrund welcher Antriebe und Energien das Automobil sich durchsetzen konnte. Es ist der Blick auf das mit Wünschen und Hoffnungen besetzte Kulturprojekt zu richten, das man mit dem Automobil zu realisieren hoffte. Die von diesem Kulturprojekt früh erfassten Personen wie Erfinder, Konstrukteure, Industrielle, Käufer und sonst vom Automobil Begeisterte verbanden offenbar mit der mobilen Körperlosigkeit etwas völlig anderes als die Gegner des Automobils. Dass in der Körperlosigkeit der Kernpunkt im Kampf um Abwehr oder Durchsetzung des Automobils lag, hat sich auf dem Hintergrund der Geschichte des Widerstands gegen das Automobil deutlich abgezeichnet. Die Empörung über die Unfälle und Toten, der Protest gegen das plötzlich auf den Straßen „Herrenrecht" beanspruchende Automobil waren an der prinzipiell nicht zu überschreitenden animalischen Geschwindigkeit orientiert, welche eine Suspendierung des Körpers verhindert. Deswegen musste sich genau an diesem Punkt das Schicksal des Automobilismus entscheiden. Unsere Frage lautet also, wie und warum die Anhänger des Automobilismus in der Lage waren, die mobile Körperlosigkeit zum tragenden Fundament einer totalen Autokultur zu machen. Was konnte an ihr so faszinierend sein?

Vergleich zwischen animalischer und mechanischer Kraft

Nach Lage der Dinge mussten die frühe Automobilwerbung und das Agieren der Automobil-Lobby defensiv sein. Die Themen gab die breite Automobilfeindlichkeit vor. Mit ihrem Glückwunsch zu Neujahr 1905 verband die Zeitschrift „Automobil-Welt" folgenden Rückblick: „Als unsere Zeitschrift vor zwei Jahren ins Leben trat, begannen wir sofort den Kampf gegen die wilde Automobilfeindschaft, gegen die Schikanen durch Behörden, gegen die Voreingenommenheit mancher Richter, gegen die Bedrückung der Automobilisten mit allerhand Zöllen und Steuern, gegen die Straßensperren, gegen die Bestrebungen, durch die das Automobil mit ungerechten Gesetzen totgeschlagen werden sollte. Nicht alle diese Feindseligkeiten haben wir vom deutschen Automobilismus abwehren können und einen solchen Erfolg wird man billigerweise auch von einem einzelnen Vorkämpfer nicht verlangen können." (Automobil-Welt, 1905, S. 1)

Abb. 10 „Erschreckte Hafermotore", Allgemeine Automobil-Zeitung, Nr. 25, 1900

Der Kampf gegen die wilde Automobilfeindschaft litt unter dem Handicap, dass das einzige mit dem Pferdewagen wirklich Unvergleichbare, die hohe Geschwindigkeit, nicht zum Tragen kommen konnte, war doch der „Schnelligkeitswahnsinn" und die „Raserei" das Hauptargument der Automobilgegner. War aber aus der Schnelligkeit kein Kapital zu schlagen, so mussten die anderen, nicht die Geschwindigkeit betreffenden Eigenschaften des Motorwagens im Vordergrund stehen. Das bedeutete, sich auf das Feld des mühseligen Vergleichens mit dem Pferdewagen begeben zu müssen. Die Überlegenheit des Motorwagens stand keineswegs von vornherein fest. Der französische Automobil-Schriftsteller Baudry de Saunier stellte in seinem 1902 auf Deutsch erschienenen Büchlein „Grundbegriffe des Automobilismus" einen Ver-gleich an. Die Maßstäbe setzte dabei selbstverständlich der Motorwagen, weshalb das Pferd als „Hafermotor" rangierte. Baudry de Saunier verlangte von einem zeitgemäßen Motor fünf Eigenschaften: „Er muss leistungsfähig, widerstandsfähig, ungefährlich, billig und reinlich sein." (Baudry de Saunier, 1902, S. 2) Was die Leistungsfähigkeit des Hafermotors angehe, so sei er, theoretisch angenommen, einer der schwächsten, die es gebe. Berechnungen hätten nämlich ergeben, dass zur Erzeugung der Kraftwirkung von 1 PS 425 kg Pferdegewicht, also 1 Pferd, dagegen nur 210 kg Menschengewicht, also etwa 2 3/4 Menschen, und sogar nur 12 kg Bienengewicht, also etwa 6000 Bienen, erforderlich seien. Mit der Widerstandsfähigkeit des Hafermotors stehe es nicht besser. Während es niemandem einfalle, eine Lo-komotive wegen eines gebrochenen Rades zum alten Eisen zum alten Eisen zu werfen, lasse sich kein Teil des Pferdegerüstes reparieren, sein Rahmen, d. h. seine Knochen ließen sich nicht löten. Der Punkt der „Ungefährlichkeit" sei ebenfalls eindeutig zu beantworten. Eine beliebige Zeitung zeige die Zustände: hier ein getöteter Kutscher, dort eine überfahrene Frau. Dagegen könne jedermann beobachten, „mit welch unvergleichlicher Leichtigkeit ein Automobil vor einem zerstreuten Passanten kurz angehalten werden" könne, während ein bespannter Wagen niemals vor einem Fußgänger stehenbleibe, höchstens ausweiche, wobei der erschrockene Passant dann häufig in den ausweichenden Wagen renne. Zur Frage der Wirtschaftlichkeit präsentierte der Autor einige exemplarische Berechnungen, wo etwa die Anschaffungskosten mit 10.000 Francs zwar um 1.300 Francs gegenüber dem Pferdewagen höher, die jährlichen Unterhaltungskosten aber um 3.000 Francs niedriger liegen. Als „geradezu ungeheuerlich" sei der Fehler des Hafermotors zu bezeichnen, dass er konsumiere, selbst wenn er keinerlei Arbeit verrichte. Hinsichtlich der Reinlichkeit gab Baudry de Saunier zu bedenken, dass der Hafermotor gleichermaßen schmutzig für den Eigentümer wie für das Publikum sei. Die Absonderungen dieser Motoren erfüllten die Luft mit den übelsten Gerüchen. Fazit: „Uns will es scheinen, dass der Auspuff des Benzinmotors demjenigen des Hafermotors vorzuziehen ist." (Baudry de Saunier, 1902, S. 6)

Die um Verbreitung des Automobils kämpfende Publizistik verfiel nicht selten in einen triumphalen Ton, nach dem Motto, dass jeder, dem es nicht Geldmangel oder sein Alter verbieten, gar nicht anders könne, als die neue Erfindung mit Freuden zu begrüßen. Bei aller zur Schau getragenen Selbstsicherheit konnte auch die Automobil-Lobby ihre Ratlosigkeit nicht ganz verbergen. Ohne eine plausible Antwort zu wissen, musste sich der oben zitierte Baudry de Saunier fragen: „Wie kommt es nun, dass das Pferd, welches, wie wir gesehen, keine der von einem Motor des XX. Jahrhunderts zu fordernden Eigenschaften besitzt, als solcher doch noch immer verwendet wird?" (Baudry de Saunier, 1902, S. 6) Auch die damaligen Überlegungen der Automobilverbände zeugen nicht selten von arger Hilflosigkeit. Für den 10. Februar 1906 war ein außerordentlicher Deutscher Automobiltag einberufen worden, vor allem um gegen das geplante Kraftfahrzeug-Haftpflichtgesetz Stellung zu beziehen. Der Vorsitzende richtete zum Teil beschwörende Appelle an die Teilnehmer: „Deutschland, meine Herren, hat ca. 2000 Automobile über acht P.S. Frankreich hat deren mindestens 10000 Stück. Das gibt zu denken. Es muss dieses Missverhältnis beseitigt werden! Deutschland muss aufgerüttelt werden aus seiner Schwerfälligkeit, das Bedürfnis nach Automobilen muss geweckt werden und das deutsche Kapital muss Vertrauen gewinnen und die Lust sich dem Industriezweige zuwenden, welcher der lohnendste sein kann, sobald die Massenfabrikation und der Massenabsatz fürs In- und Ausland gesichert ist. Lendenlahm ist die deutsche Industrie hinter Frankreich zurückgeblieben, lendenlahm – nicht weil die Energie und das Können gemangelt hat, lendenlahm, weil der Zufluss des wagenden Kapitals gefehlt hat und weil das Publikum sich lange Zeit gefürchtet hat, seinen Leib und seine Gesundheit dem fürchterlichen Ungetüm, dem sausenden und rasenden Automobil (ein Automobil rast in den Augen gewisser Leute stets), anzuvertrauen." (Zeitschrift des Mitteleuropäischen Motorwagen-Vereins, 1906, S. 109) Postulate wurden reichlich aufgestellt. Aber wie es zu machen wäre, das Bedürfnis nach Automobilen zu wecken, um einen Massenabsatz in Gang zu bringen, wusste man nicht so genau. Der „Schnelligkeitswahnsinn" der Automobilisten stand für das automobilfeindliche Publikum allzu fest. Die oben ausgebreiteten Eigenschaften der Leistungsfähigkeit, Widerstandsfähigkeit, Ungefährlichkeit, Wirtschaftlichkeit, Reinlichkeit, welche für die Werbung verwendbar waren, übten jedoch, wie man nüchtern erkennen musste, nicht die Faszination aus, welche für den Durchbruch des Automobilismus notwendig war. Der Grund dafür ist auch nicht allzu schwer zu erkennen. Wollte man die Geschwindigkeit außer Betracht lassen, so blieben doch alle positiven Eigenschaften des Motorwagens, die anführbar waren, mit dem Pferdewagen im Prinzip vergleichbar. Auch wenn sie ihn übertrafen, war damit keine Erfahrung zu machen, die nicht auch in der bisherigen, nicht motorisierten Lebenswelt schon erlebbar gewesen wäre. Auf der Ebene der genannten Eigenschaften war nur ein wie immer verbesserter und modifizierter Standard der Pferdekutsche erreichbar. Ein solches Ergebnis konnte aber keine Basis abgeben für das Akzeptieren bzw. aktive Vorantreiben eines neuen Fortbewegungsmittels, das die gesamten Verkehrsverhältnisse so umstülpen würde, dass die Fortbewegungsfunktion des Körpers verzichtbar wurde. Da die mobile Körperlosigkeit ein neuer Tatbestand, d. h. mit nichts Bekanntem in der bisherigen Erfahrungswelt in Verbindung zu bringen war, konnte sie auch nur mit einer bisher nicht dagewesenen Erfahrungsmöglichkeit durchgesetzt werden. Eine solche stand in der Geschwindigkeit, genauer in der die Grenzen der körperlichen bzw. animalischen Möglichkeiten überschreitenden Geschwindigkeit bereit, und zwar nur in dieser. Baudry de Saunier hatte richtig beobachtet, ohne allerdings eine Erklärung dafür zu haben: „Seit fünfzig Jahren macht sich nun schon ein Bedürfnis (über welches zu philosophieren überflüssig wäre und dessen Vorhandensein wir einfach konstatieren) ebensowohl in Amerika wie in Europa immer mehr und mehr geltend, ein Bedürfnis, dessen Befriedigung künftighin eine Lebensfrage für eine Nation bedeutet: die Geschwindigkeit." (Baudry de Saunier, 1902, S. 1) So befand sich der Automobilismus in einem schwierigen Dilemma: Wegen der Geschwindigkeitsbegrenzungen und allgemeinen Animosität gegenüber dem schnellen Fahren war mit der Hochgeschwindigkeit keine Werbung zu machen. Gleichzeitig wusste man aber, dass nur von ihr Faszination ausging. Immerhin einen Ausweg aber gab es und auf ihm gelang dem Automobil der Durchbruch. Der hohen Geschwindigkeit blieb ein Feld offen, auf dem sie sich relativ ungestört entfalten und ihrer Logik entsprechend bewegen konnte: der Sport.

Durchbruch mit Hilfe des Rennsports

In der Frühzeit des Automobilismus, mindestens bis in die Zeit des Ersten Weltkriegs, wurde allgemein und unumwunden die Tatsache anerkannt, „dass der Automobilismus ohne Sport niemals in die Höhe gekommen wäre, dass die Veranstaltung von Rennen unbedingt nötig war und ist, um die Weiterentwicklung und Vervollkommnung dieses modernsten Verkehrsmittels zu fördern." (Automobil-Welt, 1905, S. 887) Eine derart unmittelbare Abhängigkeit der Automobilindustrie vom Rennsport bestätigt 1910 auch Edmund Klapper in seinem Buch über „Die Entwicklung der deutschen Automobil-Industrie". Denn vor den ersten Rennen von 1894/95 existierte überhaupt keine eigentliche Automobilindustrie, sondern nur eine Reihe von Erfindern und Fabrikanten. Mit den ersten Rennen ließen sie Versuchsballons steigen, die zeigen sollten, ob die Sache einschlagen würde. Erst danach, als die Rennen sich als verblüffende Erfolge erwiesen hatten, wandten sich viele Fabriken der Herstellung von Automobilen zu, so dass innerhalb weniger Jahre in den europäischen Staaten eine neue Industrie erstarkte. Klapper bringt den historischen Sachverhalt auf die bündige Formel: „ Es entstanden also die Rennen nicht aus dem Schoße einer bereits vorhandenen Industrie, sondern diese Industrie verdankt den Rennen ihr Dasein". (Klapper, 1910, S. 8) Mit der Institution des Sports konnte das beschriebene Dilemma des Automobilismus umgangen werden.

Herausgenommen aus dem normalen Alltags- und Erwerbsleben konnte das Automobil in der Sondersituation des Sports die sonst verpönte Geschwindigkeit entfalten. Die Ausnahmesituation des Sports war der Ort, an dem man die Maßstäbe des realen, „ernsten Lebens", d. h. die Maße des eigenen Körpers und der animalischen Kraft, vergessen und sich den unbekannten neuen Erfahrungen hingeben konnte. Von daher wird es verständlich, dass die Automobilrennen das beste und bis etwa 1907 auch das fast allein erfolgreiche Reklamemittel für die Automobilfirmen waren. (Salzmann, 1928, S. 44) Aus dem Publikumsinteresse an den Rennen konnte der Unternehmer schließen, dass es darauf ankomme, möglichst schnelle Autos zu bauen. Zweifelsohne war unter den vom Auto geforderten Eigenschaften die Schnelligkeit beim Publikum die tonangebende.

Henry Ford meinte dazu später: „Dieser Renngedanke war eine seltsame und doch ganz natürliche Entwicklung; das Publikum weigerte sich standhaft, das Automobil für etwas anderes als ein kostbres Rennspielzeug anzusehen, und darum mussten wir zum Schluss das Wettrennen mitmachen. Als ich in meinem ersten Rennen gesiegt hatte, brachte mir das die einzige Art von Reklame ein,

Abb. 11 Kesselbergrennen bei Kochel, 1932

auf die das Publikum etwas gibt. Ein Rennsieg oder ein Rekord-Bruch war die beste Reklame; denn man ging von der Voraussetzung aus, dass ein erstklassiger Wagen auch den höchsten Grad von Schnelligkeit entwickeln müsste." (Siebertz, 1950 a, S. 193f.) Die Rennen wurden natürlich nicht nur veranstaltet, um die Zuschauer zu erfreuen, sondern weil sie sich in klingender Münze niederschlugen. Während es ganz zu Anfang darum ging, mit den Wettbewerbsfahrten überhaupt auf das neue Fortbewegungsmittel aufmerksam zu machen, wurden die Rennen in den Jahren nach 1900 zu scharfen Prüfungen der einzelnen Marken. Keine Firma, welche den Ruf einer erstklassigen genießen wollte, konnte es sich leisten, nicht daran teilzunehmen. In seinem zweibändigen Werk über „Automobil und Automobilsport" schrieb Walther Isendahl 1910: „Die Tatsache, dass diejenigen großen Automobilfabriken, welche von Anfang an stets an allen Rennen teilnahmen, heute noch in der Gunst des großen Publikums obenan stehen, ergibt den besten Beweis dafür, dass der Wert der großen Geschwindigkeitsrennen von jeher nicht nur von den Technikern, sondern auch von den in Frage kommenden Konsumenten anerkannt worden ist, und die Beliebtheit einzelner, weltbekannter Marken, wie Panhard & Levassor, Mercedes, Renault, Fiat resultiert in erster Linie aus den Rennerfolgen dieser Firmen." (Isendahl, 1910, S. 46)

Der Volkswirt Helmut Mander hat in seiner Dissertation zum Thema „Automobilindustrie und Automobilsport" für die Jahre 1900 bis 1903 am Beispiel der beiden Firmen Daimler und Benz nach einer möglichen direkten Abhängigkeit des Verkaufserfolgs vom Sporterfolg gefragt. Er vergab für die verschiedenen Rennwettbewerbe und Platzierungen je nach anzunehmender Werbewirksamkeit eine bestimmte Anzahl von Punkten, welche er dann in der Summe aller Jahrespunkte mit der Zahl der produzierten Kraftwagen des betreffenden Jahres verglich. Das Ergebnis zeigt eine eindeutige Korrelation zwischen Nachfrageentwicklung und Sporterfolg. Die Daimler AG, vordem vorrangig mit der Herstellung von Einbaumotoren beschäftigt, konnte durch die überlegenen Rennerfolge der Mercedes-Wagen ihre Wagenproduktion von 1900 bis 1903 um nahezu das Fünffache steigern, während Benz in seiner Kraftwagenproduktion im gleichen Zeitraum eine Einbuße um ca. das 3,5-fache hinnehmen musste. Nach Manders Ergebnissen kann man die damalige Nachfrageentwicklung unter die Überschrift stellen: „Durch Investitionen für Fahrzeuge mit hoher Wettbewerbstauglichkeit zu kaufmännischem Erfolg". (Mander, 1978, S. 102) Die herausragende und allein entscheidende Rolle des Rennsports wird nach Klapper noch zusätzlich durch die antizyklische Entwicklung der Automobilindustrie in diesem Zeitraum bestätigt. Denn für fast alle anderen Industrien waren die ersten Jahre des neuen Jahrhunderts eine Periode der Stagnation. „Es zeigt sich eben auch in den finanziellen Erträgnissen der Motorwagen-Fabriken, wie alle anderen wirtschaftlichen Faktoren auf die Automobilindustrie von geringerem Einfluss waren als gerade die in der ersten Periode hervortretenden sportlichen Interessen." (Klapper, 1910, S. 19)

Allerdings gab es auch Zeiten, in denen der Mechanismus „Gewinn durch Sport" in die Krise geriet. Schattenseiten des Rennsports hinsichtlich des Verkaufserfolgs bildeten Unfälle und Tote bei diesen Veranstaltungen. Nach dem Fiasko der Fernfahrt Paris – Madrid im Jahre 1903, bei der Marcel Renault, Lorraine Barrow und andere Fahrer sowie mehrere Zuschauer ums Leben kamen, war zu befürchten, dass die enge Verbindung der Automobilindustrie mit dem Sport sich negativ auf die Verkaufszahlen auswirken könnte. Die Kritik fiel aber zum Beispiel bei der Zeitschrift „Automobil-Welt" selbst in dieser prekären Situation sehr vorsichtig aus. Es stehe außer Zweifel, dass man der Sportslust nicht entbehren könne; sie sei bei der Entwicklung des Automobilismus von großem Nutzen gewesen. Stattdessen richtete sich die Kritik zum einen gegen die Presse, die auf die Industrie losgehackt habe, „wie die Geier auf die gefallene Gazelle einhauen", zum anderen gegen die französische Automobilindustrie, welche die Rennen zu ihrem eigenen Vorteil stets als Geschwindigkeitsrennen veranstaltet habe, weil sie mit Zuverlässigkeitsfahrten mehr ausländische Konkurrenz zu fürchten gehabt hätte. Nicht abstreiten oder verschweigen konnte und wollte man das grundlegende Faktum: „In den Anfangsjahren, die bis heute reichen, war der Automobilismus ganz und gar auf den Sport gestellt. Der Sport brachte der Industrie die Kundschaft, den Verdienst und also die Fortentwicklung. Wer die Sportsleute für sich hatte, stand an der Spitze." (Automobil-Welt, 1903, S. 577)

Am Start

Abb. 12   Simplicissimus, 1906

Trotz Schwierigkeiten gab es also kein Entrinnen aus der Abhängigkeit vom Sport. Dies bestätigte sich ein weiteres Mal, als im Zeichen einer allgemeinen wirtschaftlichen Depression im Jahr 1906 sich die hohen Kosten für eine Beteiligung an Automobilrennen nicht mehr mit dem zu erhoffenden Verkaufserfolg in Einklang bringen ließen. So kam es zu einem gemeinsamen Beschluss der großen Automobilfirmen, bei Festsetzung hoher Konventionalstrafen, an den bedeutendsten Rennen nicht mehr teilzunehmen. (Klapper, 1910, S. 10) Aber dieser Boykott war nicht von langer Dauer, weil sich die Firmen damit ins eigene Fleisch schnitten. Der Sport war und blieb weiterhin der Vater aller Verkaufserfolge der Automobilindustrie. Zum einen war da die Tatsache, dass die französische Industrie einen hohen Fahrzeugexport nach Deutschland erreicht hatte. Zum anderen gaben die deutschen Erfolge beim Kaiserpreisrennen 1907 im Taunus und beim französischen Grand Prix 1908 neuen Auftrieb, so dass die Zweifel am Rennsport als unerlässlichem Instrument für die Eroberung von Marktanteilen schnell wieder verflogen. (Mander, 1978, S. 110f.) In seiner Geschichte des Automobils schreibt Salzmann 1928: „Mehrfach soll eine große Fabrik nach einem glänzenden Sieg ihre ganze, noch nicht erzeugte Produktion für das folgende Jahr verkauft haben. Nachweisbar wirkten sich die Erfolge der deutschen Wagen im französischen Grand Prix-Rennen von 1908 in einer starken Belebung des Exportes von deutschen Automobilen nach England, Russland und nach Nordamerika aus. Als 1911 Henry Alexander den Ben Nevis, Englands höchsten Berg (1343 m), mit einem Fordautomobil bezwungen hatte, konnten die glücklichen Agenten im gleichen Jahre insgesamt 3000 Wagen der gleichen Marke allein in England an den Mann bringen." (Salzmann, 1928, S. 44)

Aber nicht nur die Tatsache, dass sich der Automobilismus überhaupt durchsetzen konnte, verdankt sich dem Sport, sondern auch das Wie der Kraftwagenkonstruktion verlief nach der Logik des Sports. Das Leitmotiv, dass Automobile zu konstruieren seien, die eine bestimmte Strecke in möglichst kurzer Zeit durchfahren können, gab die Richtung der technischen Entwicklung eindeutig vor. Die kostspieligste Forschungs- und Entwicklungsarbeit musste sich vor allem auf Gewichtsverringerung und Leistungssteigerung konzentrieren. Von der Stahl- und Metallindustrie war die Herstellung von dünnwandigem Guss mit hoher Festigkeit verlangt. Ein möglichst leichter Rahmenbau musste mit wachsenden Beanspruchungen in Einklang gebracht werden. Bei der Mercedes-Type von 1901 erhöhte der Konstrukteur Maybach die Drehzahl von 800 auf 1100. Dies zog die Notwendigkeit nach sich, die bisher automatischen Saugventile in mechanisch gesteuerte umzuwandeln. Die erreichte höhere Geschwindigkeit aber verlangte vom Konstrukteur wiederum neue Lösungen bei Gewichtsverteilung, Aufhängung und Federung. Unter dem Leitgedanken der stets noch weiter zu steigernden Geschwindigkeit wurde ein endloser Prozess technischer Neue-

Abb. 13 Rennauto in der Werkstatt

rungen und Verbesserungen in Gang gesetzt, der am Leitfaden der Wirtschaftlichkeit ganz anders hätte verlaufen müssen.

Klapper, der 1910 die bis dahin abgelaufene Geschichte des Automobils mit der Frage der Wirtschaftlichkeit dieses Gefährts konfrontierte, kam diesbezüglich zu einem eindeutig negativen Befund. Ein klarer Beweis dafür, dass nicht Brauchbarkeit und Nutzbarkeit des Motorwagens für den täglichen Gebrauch die Entwicklung bestimmten, sondern Sport und Luxus, sei generell die Tatsache, dass sich überhaupt das Auto mit Explosionsmotor und nicht das Elektromobil durchgesetzt hatte. Dass bei den Unannehmlichkeiten, die mit dem Dampfwagenbetrieb verknüpft waren, nach anderen Antriebsquellen Ausschau gehalten wurde, sei nicht verwunderlich. Die Lösung aber, die dabei gewählt wurde, ist in den Augen von Klapper unlogisch und auch bedauerlich. Denn vom Standpunkt der Wirtschaftlichkeit, der kostengünstigen Herstellung und damit der Erschwinglichkeit für die breite Bevölkerung wäre eindeutig der elektrische Antrieb das Naheliegendste und technisch Einfachste gewesen. „Man hätte sehr wohl erwarten können, dass aus dem elektrischen Straßenbahnwagen mit Akkumulatorenbetrieb der elektrische Automobilomnibus geworden wäre, aus diesem dann der elektrische Lastwagen, die elektrische Droschke, und dass man schließlich auch für Luxus- und Sportzwecke den schnell laufenden Benzinmotor eingebaut hätte (weil am besten geeignet für sehr große in einer Tour zurücklegende Strecken); eine solche Entwicklung hätte für den Automobilismus neben andern auch den Vorteil gehabt, dass er nicht, wie das vielfach geschah, in weiten Kreisen lediglich als Spielerei der Sportsleute und Sache der Reichen angesehen worden wäre." (Klapper, 1910, S. 12) Eine solche Rangfolge hätte von der schon bewährten Technik des Elektromotors ausgehen können, aber sie entsprach nicht den Bedürfnissen der Zeitgenossen.

Wäre es das vorherrschende Bedürfnis gewesen, Omnibusse, Lastwagen und Automobile für den täglichen Gebrauch möglichst schnell und möglichst preisgünstig zu beschaffen, wäre kein anderer als der elektrische Antrieb in Frage gekommen. „Dass die Industrie aber tatsächlich einen anderen Weg eingeschlagen hat, einen viel schwierigeren, indem sie aus einem hilflosen, spektakelnden, plumpen Geschöpf, wie es der erste Benzinmotor war, eine Maschine schuf, die bei relativ hoher Betriebssicherheit, bei geringstem Eigengewicht und Raumbedarf Außerordentliches leistet, dazu aus dem gewöhnlichen Wagengestell ein Automobil-Chassis machte, das nach jeder Richtung den an mechanisch betriebene Fahrzeuge gestellten, äußerst verwickelten Beanspruchungen und Bedingungen Rechnung trug" (Klapper, 1910, S. 12 ff.), beweist, dass nicht der Bus- oder Fuhrunternehmer, nicht der Gebrauchswagenbesitzer, sondern der Sportsmann die Entwicklungsrichtung der Automobilindustrie bestimmte. Obwohl die Benzinautomobile damals viel unrentabler waren als die Elektromobile, fanden sie bei den Sportsleuten genügend Absatz, um immer weitere technische Verbesserungen vorzunehmen und einen immer größeren Vorsprung zu erringen. So kann man sagen: Wenn die Wirtschaftlichkeit das Vehikel gewesen wäre, auf dem sich das Automobil durchgesetzt hätte, dann hätte dies in Gestalt des Elektromobils geschehen müssen. Von der Gründung der Berliner Elektromobil-Droschken-A.-G. (BEDAG) im Jahre 1905 und einem gewissen Aufschwung der Elektromobilindustrie ließ sich Klapper zu der Hoffnung verleiten, „dass die Technik so weit fortschreitet, dass der elektrische Wagen zumindest innerhalb des lokalen städtschen Verkehrs diejenige Stellung sich erwirbt, die ihm vermöge seiner Geräusch- und Geruchlosigkeit zukommt".(Klapper, 1910, S. 14) Dass es nicht so kam, macht hinreichend drastisch klar, dass Aufkommen und Durch-

73

setzung des Automobilismus keineswegs auf der Ebene rationaler Überlegung und bewusster Entscheidung sich vollzog. Vielmehr ist der Sport der Vater des Automobilismus, weshalb die Gründe für seine Durchsetzung auf der ganz anderen Ebene nicht-rationaler und weithin auch nicht reflexiv-bewusster Bedürfnisse zu suchen sind.

Abb. 14 Zeitschrift des mitteleuropäischen Motorwagen-Vereins, 1905

DRITTES KAPITEL

DIE ALTE BEWEGUNGSKULTUR

Abb. 15

Innere Struktur und Prinzip der Bewegungskultur „Sport"

Die Tatsache, dass das Auto seine Durchsetzung dem Sport verdankt, bedeutet noch keine letzte Auskunft auf die Frage, was es zur „Jahrhundertliebe" hat werden lassen. Dazu ist der Sachverhalt des Sports zu uneindeutig. Zum einen wurde durch den Einzug des Automobils in den Sport dieser selbst verändert, zum anderen tritt parallel zur Entstehungszeit des Autos eine dem etablierten Sport diametral entgegengesetzte neue Bewegungskultur auf. Somit sind am Sachverhalt „Sport" wenigstens drei Erscheinungen auseinanderzuhalten: 1. der aus dem 19. Jahrhundert herkommende Sport, Turnen eingeschlossen, 2. der durch das Sportgerät „Automobil" veränderte Sport, 3. die ganz neue Bewegungskultur, wie sie sich vor allem in Gymnastik und Tanz manifestiert.

Die Gründe für die Jahrhundertfaszination durch das Auto werden also auf der Ebene dieser verschiedenen Bewegungskulturen zu suchen sein. Zunächst stellt sich die Frage, was das Automobil überhaupt mit Sport im herkömmlichen Sinn zu tun hat, wenn es doch die körperliche Bewegung aufhebt und ersetzt, wenn also auf der einen Seite aktive körperliche Bewegung und auf der anderen automobile Körperlosigkeit steht. Um die Art der Gemeinsamkeit von beiden herauszufinden, muss zuerst Prinzip und Struktur des traditionellen Sports untersucht werden.

Die Karriere der Höchstleistung in Technik und Sport

Dass mit dem Aufkommen einer neuen Bewegungskultur eine Krise der herrschenden einhergeht, liegt auf der Hand. Eine erste Linie der Kritik des Sports entwickelte sich aus der allgemeinen

Technik- und Zivilisationskritik, die ihre Perspektive nicht selten in einer Überwindung des mechanistischen Zeitalters fand. Mit den technisch zunehmend größeren Möglichkeiten der Geschwindigkeitssteigerung tritt diese als eines der Hauptmerkmale der Industriekultur und zugleich als Problem erst schärfer ins Bewusstsein. In seiner Charakterisierung des modernen Wirtschaftsmenschen führt Werner Sombart 1920 den Schnelligkeitswahnsinn als eines von vier Kennzeichen dieses Verhaltenstypus an. „Im Automobil mit 100 Kilometer Geschwindigkeit fahren: das schwebt recht eigentlich unserer Zeit als ein höchstes Ideal vor Augen. Und wer sich nicht selbst im Fluge vorwärts bewegen kann, der erfreut sich an den Ziffern, die er über irgendwelche irgendwo erreichte Schnelligkeiten liest: dass der Schnellzug zwischen Berlin und Hamburg wieder um 10 Minuten seine Fahrtzeit abgekürzt hat, dass der neueste Riesendampfer drei Stunden früher in New York angekommen ist; dass man jetzt die Briefe schon um 1/2 8 statt 8 bekommt; dass eine Zeitung eine (vielleicht falsche) Kriegsnachricht schon am Nachmittag um 5 bringen konnte, während die Konkurrentin erst um 6 damit herauskam: all das interessiert die merkwürdigen Menschen unserer Tage, all dem legen sie eine große Bedeutung bei." (Sombart, 1920, S. 224) Sombart beschreibt die Faszination durch die Schnelligkeit von Bewegungsvorgängen allgemein. Ob der Mensch selbst sich körperlich vom Auto, Flugzeug, Zug oder Schiff fortbewegen lässt oder ob es sich um Post- und Nachrichtenübermittlung handelt, immer ist der Zeitgenosse davon hingerissen, dass die bislang geltende Geschwindigkeitsgrenze wieder um ein Stück hinausgeschoben werden konnte. „Sie haben auch einen eigentümlichen Begriff geschaffen, um die jeweils schnellsten Leistungen als höchste Werte ihrem Gemüte wie ihrem Gedächtnis einzuprägen, einen Begriff, der auch bei der

Vergleichung der Quantitäten Anwendung findet und dem erst eine volle Wirklichkeit entspricht, wenn Größe und Schnelligkeit sich in einer Leistung verbinden: den Begriff des *Rekords*. Aller Größenwahn und aller Schnelligkeitswahn unserer Zeit findet seinen Ausdruck in diesem Begriffe des Rekords. Und ich halte es nicht für unwahrscheinlich, dass ein Geschichtsschreiber, der die Gegenwart, in der wir heute leben, in ein paar hundert Jahren schildern soll, diesen Abschnitt seiner Darstellung überschreibt: ‚Das Zeitalter des Rekords'." (Sombart, 1920, S. 225) Damit ist die allgemeine Wahrnehmungsstruktur angedeutet, dass an Bewegungsvorgängen jeder Art nur jeweils das erreichte Maximum notiert wird. „Rekord" bedeutet ursprünglich nichts anderes als „Bericht". In dem Maße, als nur noch die jeweilige neue Grenzmarke erwähnenswert erschienen und berichtet wurde, erhielt der berichtete Bewegungsvorgang selbst den Namen „Rekord".

Zum allgemeinen Bereich der Bewegungsvorgänge, bei welchen das Erreichen von Höchstleistung und Höchstgeschwindigkeit zum Interessantesten und Wichtigsten geworden war, gehörte auch das Automobil und der Sport. Eine Verwandtschaft zwischen Technik und Sport sahen die meisten damaligen Kulturkritiker. Der junge Musikhistoriker und Kulturphilosoph Wolfgang Graeser nannte 1927 in seinem Buch „Körpersinn" den Sport den „Bruder der Technik". Blutsverwandt erschienen beide in ihrer gleichen Zielvorstellung: „Alles beherrschen, alles können, alles vermögen. Alle anderen besiegen." (Gräser, 1927, S. 37) Diese Verwandtschaft musste dem Sport einen sehr ausgeprägten Charakter verleihen. In grenzenlosem Glauben an den technischen Fortschritt, trunken, vom Siegesrausch über Natur und Mensch, über Raum und Zeit, Leben und Tod, Leib und Seele habe der Mensch der technischen Zivilisation geglaubt, den Göttern gleich die Schranken des eigenen Körpers verachten zu können. Das Ergebnis sei die herrschende Gestalt des Sports mit seinem Prinzip der Höchstleistung. Der Körper wird zum Objekt der Mechanisierung. „Typisiert wurde er und normiert. Die einen wandten sich der Höchstleistung im Brustschwimmen auf hundert Meter zu, die anderen dem auf tausend Meter... Einem Mechanismus gleich züchtete man Körper ohne Fühlen für einen Rekord: Stabhochspringer, Federgewichtsmeister, Hundertmeterläufer, deren Lebensehrgeiz auf die Erringung einer Viertelsekundenzahl geht." (Graeser, 1927, S. 37) Der Körper wird als Maschine behandelt. So wie der Triumph einer Maschinenfabrik die Erhöhung der Drehzahl eines Propellers sei, sei es für den Sportler die Chronometerhaftigkeit seines Lauftaktes, mit dem er den Gegner überwinde. Für die Bewegung bedeutet die Mechanisierung des Körpers die Reduzierung der Zahl der Bewegungsmöglichkeiten auf ein Minimum. Der Sportler muss es im Bereich einer einzigen Bewegungsart zur Höchstleistung bringen.

Phot. Riebicke

Abb. 16 Houben siegt im 100-m- Lauf

Ebenfalls auf dem Hintergrund einer Fundamentalkritik der technischen Zivilisation beschreibt Friedrich Georg Jünger in einer Arbeit aus dem Jahr 1939 den Sport. „Indessen haben alle Sports etwas Steriles, das mit ihrem mechanischen Betriebe, ihrer wachsenden technischen Organisation zusammenhängt und um so mehr hervortritt, je länger man sie betrachtet." (Jünger, 1946, S. 127) Es fehle dem Sport das Spontane der Bewegung und die freie Improvisation. „Der Mensch, der aus Lust am Laufen und Springen zu laufen und zu springen anfängt und damit aufhört, wenn diese Lust in ihm erlischt, ist ein ganz anderer als der Läufer und Springer, der sich zu einer Sportveranstaltung begibt und unter Wahrung technischer Regeln, unter Verwendung von Zeituhren und Messapparaten einen Rekord zu erspringen und zu erlaufen versucht". (Jünger, 1946, S. 127)

Aus der Sicht der neuen Bewegungskultur

In Friedrich Georg Jüngers Kritik des Sports sind Motive eingegangen, welche aus der neuen Bewegungskultur stammen, die nach kleinen Anfängen im späten 19. Jahrhundert im ersten Drittel des 20. Jahrhunderts zu einer bedeutsamen gesellschaftlichen Bewegung anwuchs. Erst vom Standpunkt dieser anderen Bewegungskultur aus konnte der Sport in seinem eigentlichen Wesen und seiner inneren Struktur erfasst werden. Zwar war der Vorwurf der Mechanisierung des Lebens im Rahmen einer allgemeinen Zivilisations- und Technikkritik schon fast ein Gemeinplatz in den 20er Jahren. Um aber zu erfassen, was dies für den Körper bedeutet, bedurfte es allerdings einer Bewegung, in deren Wahrnehmung und Welterfahrung der Körper bereits einen völlig anderen Stellenwert besaß. Die Gymnastikbewegung, auch Rhythmusbewegung genannt, grenzte sich scharf vom etablierten Sport ab, indem sie nicht nur seine Übertreibungen und Auswüchse kritisierte, sondern sein Grundprinzip insgesamt verwarf. (Ihre eigene Neukonzeption stelle ich später dar.) Rudolf Bode, einer ihrer Protagonisten, charakterisierte 1922 die

Situation dahingehend, dass zwar die Phase des Kampfes zwischen den Anhängern körperlicher Erziehung und ihren grundsätzlichen Gegnern als abgeschlossen betrachtet werden könne, dass sich nun aber eine neue Phase des Kampfes auf dem Gebiet der Körpererziehung selbst abspiele. Den Kern dieses Kampfes Begriffe: „hier gefesselte Bewegung, hier freie Bewegung".

Phot. Riebicke

Abb. 17 Troßbach, deutscher Meister im Hürdenlauf

(Bode, 1922, S. 6) Habe auch der Sport gegen Ende des 19. Jahrhunderts, von England und Amerika nach Deutschland kommend, die Fesseln zerbrochen, in die die strenge Turnerei die menschliche Bewegung geschlagen habe, „so ist er doch nicht minder in Gefahr, seine bedeutendste Errungenschaft, die Wiedergewinnung der freien Bewegung, wieder aufzuopfern dem Ziel der größten Zahl, dem Rekord schreibt ihm zugleich wie der Herr dem Knecht seine Bewegungen vor. Dabei kommt es nur auf die eine Fähigkeit an, alle ursprünglich freien Bewegungen zu unterdrücken zugunsten einseitig aufs Ziel gerichteter Bewegungen.

Bode stellt die Frage, ob diese Fähigkeit der Unterdrückung von Bewegungen wirklich als ein Kennzeichen überragender Willenskraft zu betrachten sei. „Und soll der lebendig bewegte Mensch auf dem Gebiete der Körpererziehung zurückstehen hinter dem in leblosen, toten Bewegungen sich äußernden Rekordjäger? Ist Körpererziehung Unterdrückung oder Entfaltung der ursprünglichen Bewegung?" (Bode, 1922, S. 7) Im Hintergrund dieser Kritik steht also die Annahme einer ursprünglichen Lebensbewegung, die, befreit von den lebensfeindlichen gesellschaftlichen Zweck- und Zielsetzungen, zu einer neuen Bewegungskultur führen muss. Diese ursprüngliche Bewegung wurde definiert als *Rhythmus*. Damit ist ein neuer Ausgangspunkt und Antrieb von körperlicher Bewegung benannt. Er steht im diametralen Gegensatz zum Ausgangspunkt der Bewegung beim etablierten Sport, der dort beim Willen liegt. „Im Willensakt haben wir die *vollstreckende_*Funktion zu sehen, durch welche die rhyth-

Phot. Riebicke

Abb. 18 Sprung über vier Böcke

misch vibrierende Lebensbewegung in eine auf ein Ziel eingestellte (= vorgestellte!) gestreckte Bahn übergeführt wird." (Bode, 1922, S. 11) Die Rhythmusbewegung erkannte im Willen diejenige Agentur, welche die ursprüngliche Rhythmik der Lebensbewegung unter die Herrschaft des Geistes zwingt. Was dabei vor sich geht, veranschaulicht Bode mit dem Bild des in Wellen dahingleitenden Stromes. Die geistige Einwirkung auf den Rhythmus der natürlichen Lebensbewegung sei vergleichbar der Umformung eines Stromes in einen Kanal. „Jede Nivellierung der Uferwände und des Flussbettes zerstört die rhythmische Individualität zugunsten der Zielstrebigkeit des Bewegungsablaufs: bei zunehmender Einengung tritt Beschleunigung der Strömung ein. In diesem Bilde erfassen wir gleichzeitig die Vorgänge, welche bei jeder sportlichen Tätigkeit, bei jeder Gymnastik, die zielstrebenden Charakter hat, eintreten." (Bode, 1922, S. 22) Demnach erscheinen Schnelligkeit im Sport und Höchstleistung allgemein als Effekt größtmöglicher Einengung des Lebensflusses. Auch von Seiten der Sportwissenschaft wurde dieser Charakter der sportlichen Höchstleistung nicht geleugnet: „Regulierte, zweckbestimmte Willenshandlungen gewahren wir immer und immer wieder im Sport; ja, man kann beinahe sagen, dass es kein Gebiet gibt, in dem diese Zweckbestimmtheit höher und vollkommener ausgebildet wäre. Und nur durch diese bis aufs Höchste getriebene Unterstellung aller Seelenregungen unter den kraftvoll und sicher lenkenden Willen sind solche Höchstleistungen möglich, wie sie z. B. in der Geschichte der Läufer von Marathon aufweist…" (Schulte, 1921, S. 19) Gegenstand und Inhalt der Willenshandlungen sind bestimmte Zwecke, z. B. eine Strecke in der kürzest möglichen Zeit zu überwinden oder einen Speer möglichst weit zu werfen.

Der Philosoph und Psychologe Ludwig Klages gab für den bewegungseinengenden Charakter der Willenshandlung eine sprachlich-etymologische Erklärung. Das Wort „Zweck" meine ursprünglich den Pflock im Mittelpunkt der Scheibe, nach der man schießt. Indem die Sprache es ausdrücklich zur Bezeichnung von Willenszielen verwende, bringe sie unzweideutig zum Ausdruck, „dass die Willensbemühung keineswegs etwa auf die Erzeugung, sondern gerade auf *Unterdrückung* von Bewegungen aus sei, und zwar zum Behuf des Innehaltens einer Bewegungsrichtung, die dem Bewegten, anstatt ihm natürlichermaßen innezuwohnen, aufgezwungen wird durch das ‚Vorgesetzte‘. Das zielende Schützen ist das Muster der Willensanspannung." (Klages, 1921, S. 47) Den Sport traf damit der schwere Vorwurf, dass er den Körper nicht selbst seine eigene Bewegungsform aus ihm heraus entwickeln lasse, sondern sie ihm von außen aufzwinge. Diese Kritik übte die Gymnastikbewegung auch am Turnen. Als Friedrich Ludwig Jahn zu Beginn des 19. Jahrhunderts die Turnbewegung ins Leben gerufen habe, so wurde argumentiert, sei dies eine Gemeinschaftsbewegung gewesen, die altgermanisches Volksleben in seiner Ursprünglichkeit und Naturverbundenheit habe wieder aufleben lassen wollen. Einen ganz anderen Charakter habe das Turnen bekommen, als es später Eingang in die Schulen gefunden habe. Denn inzwi-

Phot. Riebicke

Abb. 19 Abgang vom Reck

84

schen war erkannt worden, dass in dieser Art von Körpererziehung ein ausgezeichnetes Mittel zur Disziplinierung von Gefolg-
schaft und Volksmassen steckte. Franz Hilker, eine der wichtigsten Persönlichkeiten bei der argumentativen Begründung und
Verbreitung der Gymnastikbewegung, nannte die Körpererziehung des Turnens weniger eine *bildende* als eine *abrichtende*,
weil der Körper zu bestimmten Dienstleistungen und zum au-
genblicklichen Reagieren auf Befehl geeignet gemacht werde.
„Dadurch, dass das Turnen diesem Zwecke in der Schule dienst-
bar gemacht wurde, hat es seinen ursprünglichen Charakter einer urwüchsigen ‚tummelhaften' Leibesübung verloren oder hat
ihn doch stark durchsetzt mit dem ganz andersartigen Charakter
des Drillmäßigen, Mechanischen, Unnatürlichen. Körpererziehung wurde zu einem Mittel der Massendisziplinierung, der be-
dingungslosen Unterordnung unter den Befehl, der Aufgabe des
eigenen Ich, der Unterdrückung alles feineren körperlichen Empfindens." (Hilker, 1928, S. 125) Eine solche staatlich-
militaristische Gesamtzielsetzung hat jedoch auch für den Körper
selbst bestimmte Ziele, vor allem das der körperlichen Ertüchti-
gung. Sie ist Voraussetzung für den gesellschaftlichen Zweck der
Wehrhaftigkeit, aber auch für andere gesellschaftlich erwünsch-
te Eigenschaften und Fähigkeiten wie Wagemut, Ausdauer, Wi-
derstandskraft. Bei all den Zwecken von Turnen und Sport ist
stets das eine Prinzip zu beobachten: „Durch die Einstellung auf
ein außerhalb des Individuums liegendes Ziel, nämlich die Er-
tüchtigung zu bestimmter, schematischer Leistung, erhält auch
die Körperschule der Turner und Sportler statt eines allgemein
bildenden hygienischen Charakters, die Form des Drills für einen
bestimmten Sonderzweck." (Hilker, 1928, S. 127)

Die Bewegungsformen des Sports als körperliche Konkretion gesellschaftlicher Zwecke

Wenn hier vom Standpunkt der neuen Bewegungskultur aus scharf die Trennung zwischen dem Körper als Eigenwirklichkeit und den von außen an ihn herangetragenen, ihm aufoktroyierten gesellschaftlichen Zwecken herausgestellt wird, erhebt sich die Frage, ob das Problem nicht an der jeweiligen Staats- und Gesellschaftsform liegt, ob also der Sport nicht von jedem Regime beliebig für seine Zwecke benützt werden kann. Denkbar aber ist auch die Möglichkeit, dass die gesellschaftlichen Zwecke dem Turnen und dem Sport immanent sind, dass ihre Bewegungsformen die körperliche Konkretion der gesellschaftlichen Zwecke selbst sind. Diese zweite Interpretation wurde in der Zeit vor dem Dritten Reich von Verfechtern des etablierten Sports ungeniert vertreten. In seinem umfangreichen Werk „Körperschönheit und Körperkultur, Sport, Gymnastik, Tanz" beschrieb Hans W. Fischer 1928 das Wesen des Sports vor allem in dessen Fundierung auf „natürlichen Bedingungen und Forderungen des wirklichen Lebens". „Es gibt immer noch Kampf in der Welt, auch für den, der ihn nicht sucht; für jeden kann der Augenblick kommen, da er sich seiner Haut zu wehren hat und dafür die Faust und die Kampfübung des Athleten wünscht. Jeder ist gelegentlich gezwungen, Strecken im Lauf, Hindernisse im Sprung zu nehmen, jeder muss gelegentlich heben, stoßen oder werfen: alle diese Dinge kehren, auf glänzende Form gebracht, im Sport wieder." (Fischer, 1928, S. 18f.) Eine Seite des praktischen Alltags- und Erwerbslebens, nämlich der Kampf, wird herausgelöst und für sich geübt. Aber auch als aus dem wirklichen Leben herausgenommene bleiben die Bewegungen des Sports von praktischer Bedeutung. „Sport verheißt eine erhöhte Herrschaft über

Menschen und Dinge durch Erhöhung der eigenen körperlichen Form." (Fischer, 1928, S. 19) Inwiefern sind nun die Bewegungsformen der einzelnen Disziplinen des Sports auf den Zweck zurückzuführen, die Fähigkeit zu steigern, im realen Lebenskampf die Oberhand zu behalten? Am eindeutigsten ist der Zusammenhang natürlich bei Kampfsportarten wie Boxen, Fechten oder Ringen. Die Bewegungsformen dieser Sportarten kommen, wie Hans W. Fischer es formuliert, ganz unmittelbar aus dem ursprünglichen Bestreben, den Gegner wirklich kampfunfähig zu machen, ja sogar zu töten. Insbesondere beim Boxen unmittelbar aus dem ursprünglichen Bestreben, den Gegner wirklich kampfunfähig zu machen, ja sogar zu töten. Insbesondere beim Boxen spüre der Zuschauer leibhaft den blutigen Ernst, aus dem dieser Sport geboren sei. Der äußere Zweck des Kampfes kann den Körper zu einer vielseitigen Waffe werden lassen: die Arme dienen dann zum Umklammern, die Hände zum Würgen, die Füße zum Treten und Schlagen, die Knie und Ellenbogen zum Stoßen, das ganze Körpergewicht zum Niederreißen oder Niederdrücken des Gegners. Der Sport wähle aus den Kampfmöglichkeiten solche aus, die den

Phot. Riebicke

Abb. 20 Bewegungsformen des Weitsprungs

Gegner nicht nachhaltig oder allzu heftig schädigen, und fasse sie in strenge Regeln, die eine glatte und anständige Entscheidung gewährleisten. Der Boxer werde auf den Faustschlag, der Ringer auf den Griff beschränkt. Man kann nach dieser Beschreibung also folgern: Der Kampfsport ist, insofern es darum geht, den Gegner kampfunfähig zu machen bzw. zu besiegen, schon von seiner Anlage her Grenzleistungssport. D.h., die Gegner sind gezwungen, an die Grenze ihrer körperlichen Leistung heranzugehen. Eine unmittelbare Beziehung aufs praktische Leben weist Fischer auch den Disziplinen nach, die er der exakten Messbarkeit wegen unter der Bezeichnung „Leistungssport" vereint. Dazu rechnet er Laufen, Springen, Schwimmen, Rudern, Schwerathletik, Werfen, Schießen und Jagen. Vor allem beim Laufen sind die praktischen Zwecke leicht erkennbar. „Der Vergleich der Schnelligkeit musste nicht weniger reizen als der der Kampfkraft, sie war für den Ernstfall gleich wichtig; gab die Kraft beim Kampf den Ausschlag, so die Schnelligkeit bei der Verfolgung. Nur der Schnellere konnte den Fliehenden einholen oder dem Verfolger entkommen; es musste nützlich sein, die Geschwindigkeit auf das Höchstmaß zu treiben." (Fischer, 1928, S. 43) Das Prinzip der Höchstleistung ergibt sich hier zwar nicht im unmittelbaren Kampf, aber doch an der kampfnahen Situation der Verfolgung oder Flucht.

Aus Fischers Analyse und Beschreibung des Sports mag immerhin das eine klar werden: Die Bewegungsformen des etablierten Sports sind die körperlichen Konkretionen bestimmter gesellschaftlicher Zwecke. Dass dies so ist, ist von einer so festgefügten Selbstverständlichkeit umgeben, dass der Zusammenhang zugleich als naturgegeben oder metaphysisch erscheint.

Fischer hat es exemplarisch formuliert: „Sport ist darauf gerichtet, einen Gegner oder eine Gegengewalt zu überwinden; immer misst sich die Kraft an einer anderen, immer zielt der Wille auf den Sieg." (Fischer, 1928, S. 17) Was hier mit dem Gewicht einer allgemeinen Seinsstruktur auftritt, ist in Wirklichkeit lediglich die spezifische Bewegungskultur einer bestimmten Zeit und Gesellschaft, von ihr hervorgebracht und Ausdruck ihrer Lebensform. Man braucht nicht ewige Seinsstrukturen oder die Natur zu bemühen, um für die Gestalt des Sports im 20. Jahrhundert eine Erklärung zu finden. Sie ergibt sich weit weniger angestrengt und plausibler, wenn man den Sport als die stilisierte körperliche Realisierung von Zielen einer Gesellschaft begreift, die das Leben wesentlich als Kampf versteht und ihr Zusammenleben an entscheidender Stelle nach dem Prinzip des Wettkampfs (Konkurrenz) organisiert. Einen drastischen Beweis für die Kampfnatur des Sports lieferte in jenem Jahrhundert die Zeit der nationalsozialistischen Herrschaft. Wie leicht und wie schnell eine Gesellschaft, die im Sport reglementierten und stilisierten Kampf betreibt, zum bluti-

Phot. Riebicke
Abb. 21 Dr. Peltzer, deutscher Mittelstreckenmeister

89

gen Ernst des Kampfes übergehen kann, zeigt eine Zusammenschau der Sportgeschichte in der Weimarer Republik und im Dritten Reich. Es bedarf keiner großen Beweisführung für die Tatsache, dass das NS-Regime nicht irgendwelche neue Bewegungsformen erfunden, sondern die Disziplinen des in der Weimarer Republik etablierten Sports übernommen hat: die Kampfsportarten wie Boxen und Ringen, die leichtathletischen Disziplinen wie Lauf auf verschiedene Distanzen, Hochsprung, Weitsprung u. ä. Diese bruchlose Kontinuität in der körperlichen Bewegungsform lässt sich auch an führenden Sportfunktionären wie z. B. Carl Diem aufzeigen. Carl Diem, 1882 in Würzburg geboren, war im ersten Drittel des 20. Jahrhunderts wohl die engagierteste und einflussreichste Persönlichkeit auf dem Gebiet des Sports. Publizistisch und durch Verbandspolitik trug er entscheidend zur Verbreitung des Sports bei. Seit 1912 war er Generalsekretär des deutschen Olympischen Komitees, seit 1917 auch Generalsekretär des Deutschen Reichsausschusses für Leibesübungen (DRA), des Dachverbands des deutschen Sports. Als Generalsekretär des Organisationskomitees gestaltete er wesentlich die Olympischen Spiele von 1936 in Berlin. In ihm haben wir die Kontinuität dessen, was im 20. Jahrhundert „Sport" heißt, von der Weimarer Republik ins Dritte Reich personalisiert vor uns. 1923 fasste Carl Diem das Wesen des Sports in dem einprägsamen Satz zusammen: „Wie der Krieg der Vater aller Dinge, so ist der Kampf die Ursache aller Turn- und Sportverbände." (Diem, 1923, S. 85)

Sporthistoriker nach 1945 weisen gern darauf hin, dass Carl Diem eine Zeitlang einer nationalsozialistischen Hetzkampagne ausgesetzt gewesen sei (z. B. Joch, 1981, S. 701-742). Geht man allerdings den Gründen dieser Auseinandersetzung nach, ergibt sich nichts, was zur Ehrenrettung des Sports geeignet wäre.

Denn die Nationalsozialisten kritisierten am etablierten Sport der Weimarer Republik keineswegs dessen Bewegungsformen Laufen, Springen, Werfen usw. Eine Abgrenzungsmöglichkeit vom liberalistischen Sport bestand zum einen auf der ideologischen, d. h. auf der Ebene der Gesinnung und der weltanschaulichen Konstruktionen. Hierzu berichtet Edmund Neuendorff, der „Turnführer ins Dritte Reich", in seiner 1936 erschienenen „Geschichte der neueren deutschen Leibesübung vom Beginn des 18. Jahrhundert bis zur Gegenwart", Band IV, glaubhaft über Carl Diem, dass dieser für die völkische Bedeutung der Leibesübung nur ein Lächeln übrig gehabt habe und einen Zusammenhang zwischen völkischer Gesinnung und Laufen, Springen, Werfen nicht gesehen habe. (Neuendorff, 1936, S. 589) Die damit angedeutete und in der Tat bestehende Diskontinuität zwischen Weimarer Republik und Drittem Reich berührt jedoch nicht die Form der körperlichen Bewegung selbst. Auch eine zweite Diskontinuität, die zu nennen ist, betrifft nicht das Grundprinzip des Sports selbst. Es ist der Umstand, dass beim Sport die natürlichen Verhältnisse ausgeschaltet und durch künstliche ersetzt werden. Es war denn auch die zentrale Kritik der Nationalsozialisten am liberalistischen Sport, dass er dem praktischen Lebensbezug entfremdet sei, dass der sportliche Kampf mit dem wirklichen Kampf nichts mehr gemein habe. Alfred Bäumler, einer der Chefideologen des NS-Sports, schrieb 1934: „Der ‚Kampf', der mit einem Festessen endet oder mit einem erotischen Abenteuer, der ‚Kampf', bei dem man in jedem Fall ein ehrenvoll Unterlegener ist und bei dem man das Leben etwa in der Weise einsetzt, wie jemand, der ein Luftschiff oder eine Eisenbahn besteigt, ein solcher Kampf kann nur von einem hoffnungslosen Privatmann mit einem wirklichen Willen zum Siege in Verbindung gebracht werden." (Bäumler, 1934, S. 65f.) Die Nationalsozialisten warfen Carl Diem und dem liberalistischen Sport vor, dass seine Grundsätze idealistisch seien, dass immer nur vom „Menschen im Sport" schlechthin gesprochen werde, dass mit dem „Streben nach Leistung" nach abstrakten „Menschheitshöhen" gestrebt werde. Heinz Wetzel, ein Schüler Bäumlers, Referent des Reichssportführers und Generalreferent der Reichsakademie für Leibesübung, formulierte in Auseinandersetzung mit Carl Diem pointiert, was aus nationalsozialistischer Sicht am liberalistischen Sport abzulehnen war. Hatte Diem den Sport als „freiwilliges Soldatentum" bezeichnet, ihm also ein soldatisches Ideal gegeben, so warf ihm Wetzel vor, gleichzeitig den Kampf zu „entwirklichen". „So wird der Kampf, der vorher als freiwilliges Soldatentum geschildert wurde, entwirklicht, indem er in eine höhere abstrakte Wertwelt versetzt wird. Der sportliche Gegner kennt keinen realen Gegner, den er sportlich zu besiegen gewillt wäre... Am Ende dieses idealen Strebens und Kämpfens steht als Vollendung und Vervollkommnung der Rekord." (Wetzel, 1936, S. 159) Die Fixierung auf die abstrakte Zahl eines Rekords führe zu dem „rein sachlichen" Standpunkt, den Sport aus den Kämpfen der Zeit und der Politik heraushalten zu wollen.

Aufgrund der skizzierten Positionen lässt sich der Unterschied zwischen liberalistischem und NS-Sport etwa so umschreiben: War dort der zu überspringende Wassergraben durch ein Sandbett ersetzt und die ursprünglich praktische Funktion des Weitsprungs bis zur Unkenntlichkeit stilisiert, sollte hier die lebensnahe Bedeutung wieder erlebbar gemacht und der unter künstlich-lebensfernen Bedingungen ablaufende Wettkampf wieder als echter Kampf umgestaltet werden. Der Schulwandertag sollte jetzt als Geländesportübung verstanden werden, Springen als Sturmspringen, die Wurfkeule als Handgranate. Dabei darf nicht übersehen werden, dass es im Wesentlichen nur um eine neue

Interpretation des Sports ging. Gewiss musste nun im Unterschied zu früher auch über wirkliche Gräben und Zäune gesprungen werden. Aber es bleibt die Tatsache, dass die praktizierten Bewegungsformen selbst im liberalistischen Sport wie im NS-Sport (und im Sportbetrieb nach 1945) die gleichen sind. Die verschiedenen ideologischen Deutungen des Sports und der verschiedene Grad der Stilisierung bzw. der größeren oder geringeren Lebensnähe ändert an dem grundlegenden Sachverhalt nichts. Die Kontinuität wurde sogar von Nationalsozialisten selbst bestätigt, obwohl es ihnen darum gehen musste, sich gegenüber allem bisher Dagewesenen scharf abzusetzen. In seiner Rede beim 15. Deutschen Turnfest 1933 in Stuttgart sagte Adolf Hitler: „Dass die deutsche Turnerei in den langen Jahrzehnten einer liberalistischen geistigen Missbildung, der tieferen Gesetze vielleicht selbst unbewusst, in der Schule schon und nach ihr im freien Verbande die körperliche Kraft der Nation stählte, hat sie zu einem gewaltigen Faktor der Erhaltung unseres Volkes erhoben. (Beifall) In einer Zeit, da nun das Volk wieder in den Mittelpunkt des staatlichen Sehens und Strebens tritt, kann die Führung des Staates und damit der Nation nicht anders als in tiefer Dankbarkeit der Einrichtungen gedenken, die mithalfen, die kostbarste Substanz zu bewahren, die der Staatsmann zu verwalten hat: Das Fleisch und Blut der lebenden Genossen des Volkes." (Hitler, 1933, S. 430) Aus der beschriebenen Kontinuität scheint mir die folgende Konsequenz zwingend: Nicht erst die Indienstnahme „des" Sports durch ein bestimmtes Regime, sondern bereits die innere Struktur des Komplexes von körperlichen Bewegungen, den man mit dem Begriff „Sport" umschreibt, ist das Problem.

Sport als versuchte und Autofahren als realisierte Körperlosigkeit

Um die epochale Gestalt des Sports des ausgehenden 19. und des 20. Jahrhunderts noch schärfer zu fassen, bedarf es weiterer Überlegungen zu seinem Grundprinzip der Höchstleistung.

Phot. Riebicke

Abb. 22 Dobermann, deutscher und englischer Meister im Weitsprung

Es wurde gezeigt, dass dieses Prinzip in der Struktur einer Gesellschaft grundgelegt ist, in der die Auffassung des Lebens als Kampf Leitfunktion besitzt. Um es körperlich rein zu realisieren und einzuüben, bedarf es bestimmter Vorkehrungen. Um bei Maximalschaltung der Bewegungen der einzelnen Sportdisziplinen auch wirklich die bis an die Grenze gehende körperliche Höchstleistung zu erreichen, müssen ideale Rahmenbedingungen hergestellt werden. Am Beispiel des Weitsprungs bedeutet dies: Es steht eine genügend lange Strecke für den Anlauf zur Verfügung. Sie ist hindernislos, glatt, ohne Gefälle oder Steigung. Die Unterlage ist fest, die Gefahr des Ausrutschens ist nicht gegeben. Beim Sprung selbst ist kein Graben oder Abgrund zu überspringen. Durch das Springen in weichen Sand sind Gefah-

94

renmomente und Verletzungsrisiken so gut wie ganz eliminiert. Ängste oder innere Hemmungen brauchen nicht überwunden zu werden. (Der NS-Wehrsport, der Gefährdungen einbaut und Mut abverlangt, ist ein zweiter Schritt nach der unter künstlichen Bedingungen geübten Höchstleistung.) Die systematische Ausschaltung aller Bedingungen, die neben der einen Bewegung, auf die es ankommt, noch weiteres körperliches Bewegungskönnen erforderten, gestattet die absolute Konzentration auf die eine einzige Bewegung der jeweiligen Sportart. Bewegungsmäßig bedeutet die Ausschaltung aller störender Randbedingungen die konsequente Ausschaltung aller Bewegungsmöglichkeiten bis auf die eine, welche zur Höchstgrenze getrieben werden soll. Damit tendiert der Sport in zweifacher Hinsicht zur Körperlosigkeit: 1) insofern die im Prinzip unendlichen Bewegungsmöglichkeiten des Körpers auf die kleinstmögliche Zahl, nämlich eins, reduziert werden; 2) insofern die Bewegung stets als Grenzleistungsbewegung abzulaufen hat.

Es offenbart sich hier eine spezielle innere Logik des Sports: Der Körper soll sich selbst übersteigen. Ähnlich der Arbeit des Sisyphos besteht der Sport in dem immer neuen Versuch der Überwindung des Körpers. Alles in ihm ist darauf angelegt, den Körper hinter sich zu lassen. Er ist im Sport nur noch als Grenzphänomen und als Bewegungsrudiment dabei. Er wird nicht mehr als eine Realität in Rechnung gestellt, die das Prinzip der nach oben stets offenen Geschwindigkeit ausschließt. Stattdessen gewinnt der Sportbetrieb seine Dynamik tatsächlich aus der Annahme, dass Geschwindigkeit und Rekordweiten und -höhen nach oben offen bleiben. Deswegen könnte man den Sport mit einem Volk vergleichen, das ein wunderschönes Land besitzt, aber die merkwürdige Verhaltensweise hat, immer nur über seine Grenzen hinaus zu wollen, ohne die ungeheuren Reichtümer im Landesinnern auch nur eines Blickes zu würdigen. Um welche Art von Mensch und Kultur handelt es sich, die an der unermesslichen Fülle der Bewegungsmöglichkeiten des Körpers keinerlei Interesse findet, sondern sich nur auf die äußerst dünne Grenzlinie konzentriert? Man kann, auch ohne genaue Vorstellung einer Alternative, schon sagen, dass für eine solche Kultur eine integrale körperliche Ganzheit keine Rolle spielen kann und dass sie ganze Bereiche menschlicher Möglichkeiten, etwa das ganze Gebiet der nicht auf Maximum geschalteten Bewegungsformen, brachliegen und veröden lässt.

Geht die immanente Logik des Sports aber auf die Überwindung des Körpers und auf Körperlosigkeit aus, so muss der Sport in sich stets unvollendet bleiben. Eine Konsequenz aus dieser Sisyphos-Situation ist die Herstellung eines technischen Geräts, das auf Grenzleistung eingestellt werden kann und welches das Hindernis des Körpers auszuschalten vermag, indem es ihn als passives Frachtgut mittransportiert. Man kann also sagen: Aus der Logik des etablierten Sports folgt das Automobil. Es vollendet ihn, es führt seine Logik zu Ende, indem es die körperlichen Grenzen aufhebt. Muss es beim Sport stets beim bloßen Versuch bleiben, die körperlichen Grenzen zu überschreiten, schafft der motorisierte Wagen die Realisierung. Das Prinzip der stetigen Geschwindigkeits- und Leistungssteigerung und damit ein Körperausschaltungsprogramm ist aber beiden gemeinsam. Insoweit konnte das Auto im Bereich des Sports eine gewisse Heimat finden. Andererseits war die Gemeinsamkeit nur eine abstrakte. Denn woran der Sportler sich abarbeitet, worin der Sport überhaupt besteht, nämlich immer von neuem gegen den eigenen Körper anzurennen, wurde diesem Körper nun vom Auto abgenommen. Damit aber war das Autofahren kein Sport mehr im eigentlichen Sinn. Die Durchsetzung und Faszination des Automobils lässt sich deswegen auch nicht allein von der *versuchten* Körperlosigkeit des Sports her erklären. Es ist zu vermuten, dass mit der *realisierten* Körperlosigkeit dem Sport gegenüber völlig neue Erfahrungsqualitäten in Verbindung zu bringen sind.

VIERTES KAPITEL

DIE NEUE BEWEGUNGSKULTUR

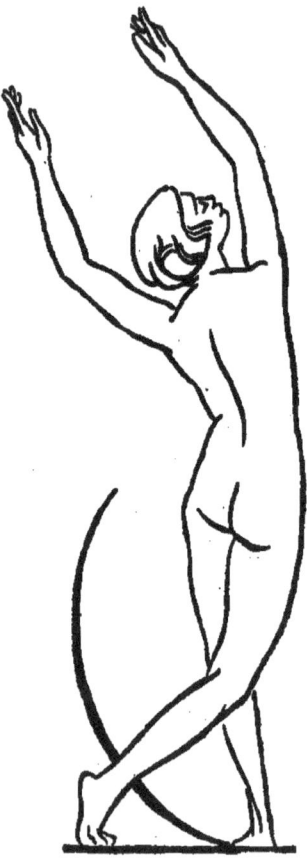

Abb. 23

Befreiungs-Bewegung

In Gleichzeitigkeit mit der Durchsetzung des Automobils tauchen neben dem technisch-industriellen Bereich Phänomene auf, die mit den herkömmlichen Verhaltensweisen nicht mehr in Einklang zu bringen sind. Dazu gehört vor allem eine neue Bewegungskultur. Die Gymnastikbewegung des 20. Jahrhunderts knüpfte an einige Persönlichkeiten des 19. Jahrhunderts an, die zum Teil die neuen Prinzipien der Bewegung verwandten. Gewöhnlich sah man den Ursprung der neuen Gymnastik bei François Delsarte, der um 1850 in Paris eine Schule zur körperlichen Ausbildung von Schauspielern, Sängern und Rednern gründete. Eine Schülerin von Delsarte, die Amerikanerin Geneviève Stebbins, entwickelte ein eigenes System der Körperbildung, das sie „Harmonische Gymnastik" nannte. Ihr System kam durch Hedwig Kallmeyer nach Deutschland und wurde hier zu einer bedeutenden Strömung in der Gymnastikbewegung. Sie gründete um 1910 in Berlin eine Schule für „Harmonische Körperkultur nach dem amerikanischen System Stebbins-Kallmeyer". Eine zweite bedeutende Schülerin von Stebbins war Bess M. Mensendieck, die ihr System anatomisch-physiologisch begründete. Ihr Ziel war vor allem, durch Vermittlung von Kenntnissen über den Körperbau und die Gesetzmäßigkeit seiner Bewegungen die Frauen zu einer richtigen und gesunden Körperhaltung zu bringen. Die Linie von Hedwig Kallmeyer beziehungsweise Bess Mensendieck wurde später unter anderem fortgeführt oder weiterentwickelt vom „Hagemann-Mensendieck-Bund", vom „Münchener Bund für angewandte und freie Bewegung", von der Dora Menzler-Schule, von der Gymnastikschule Loheland in der Rhön. Eine zweite große Linie der neuen Bewegungskultur ging von dem Musikpädagogen Émile Jaques-Dalcroze aus, der zunächst am Konservatorium in Genf, dann in Hellerau bei Dresden eine wirkungsvolle Tätigkeit entfaltete, die unter dem Namen „Rhythmische Gymnastik" bekannt wurde. Rudolf Bode war eine Zeitlang in Hellerau als Lehrer tätig, wandte sich dann von Jaques-Dalcroze ab und entwickelte eine „Ausdrucksgymnastik", die nicht mehr an der Musik, sondern ausschließlich an Bewegungsgesetzen des Körpers selbst orientiert sein sollte. Eine Verbindung von Gymnastik und künstlerischem Tanz schuf Rudolf von Laban mit einer Bewegungslehre, in der es vor allem um die Wahrnehmung des Raumes ging. 1926 gründete er in Würzburg ein „Choreographisches Institut", in welchem die Grundlagen für sein Projekt der „Bewegungschöre" erarbeitet werden sollten.

Die hier keineswegs vollständig aufgeführten Personen und Unternehmungen verschmolzen im Laufe der ersten 30 Jahre des 20. Jahrhunderts zu einer gesellschaftlichen Bewegung im eigentlichen Sinn. Erste Versuche, die Anliegen der neuen Bewegungskultur in die öffentliche Diskussion zu bringen, reichen bis auf die Kunsterziehungstage von Dresden (1901), Weimar (1903) und Hamburg (1905) zurück. Im Vordergrund stand damals das allgemeine Motiv, die Jugend vom Zwang starrer Methoden zu befreien, die ihr die Beschäftigung mit der Kunst und deren Ausdrucksmitteln im Deutschunterricht, im Zeichnen, Singen und in der Handarbeit mehr verleideten als zur Freude machten. Die pädagogischen Neuansätze, insbesondere der Bewegungskultur, fanden in dem 1915 gegründeten „Zentralinstitut für Erziehung und Unterricht" vor allem durch dessen Leiter Ludwig Pallat eine wichtige Unterstützung. Als öffentliche Stiftung führte es Tagungen und Lehrgänge durch, die der Verbreitung neuer pädagogischer Gedanken und Versuche in der Öffentlichkeit dienten. Eine solche Tagung war die für „Künstlerische Körperschulung" vom Oktober 1922, die zum Ausgangspunkt einer breiten Welle der

Gymnastikbewegung wurde. Der Gedanke an einen Zusammenschluss wurde konkreter. 1924 wurde eine „Zentralstelle für Gymnastik" gegründet. Am 1. November 1925 schlossen sich die Schulen Bode, Gindler, Kallmeyer, Loheland, Laban und Mensendieck zum „Deutschen Gymnastik-Bund" zusammen. Im Februar 1926 erschien die erste Nummer seiner Zeitschrift „Gymnastik". Als Zweck des Bundes wurde definiert: „Förderung, Verbreitung und Schutz der Gymnastik, d.h. einer Körperschulung, welche den Körper in seinen konstruktiven und vitalen Kräften bildet und entwickelt und ihn so zum Träger nicht nur leiblicher, sondern auch seelischer und geistiger Werte macht". (Gymnastik, 1926, S. 1)

Wie jede neue Epoche eine Methode der Auseinandersetzung mit dem Bestehenden entwickeln muss, sind die Ansätze der zu Beginn des 20. Jahrhunderts entstehenden neuen Bewegungskultur zwangsläufig vor allem mit der Vorherrschaft der Höchstleistungsbewegung konfrontiert. Deswegen lässt sich die neue Bewegungskultur zunächst an Hand ihrer Kritik an der alten beschreiben. Diese war natürlich in ihren Aspekten vielfältig, aber, soweit sie aus dem Lager der neuen Bewegungskultur kam, immer grundsätzlich. Deswegen kann sogleich die Kritik an den „Übertreibungen" und „Auswüchsen", an der „Rekordsucht" und ähnlichem, wie sie aus dem Bereich des Sports selbst, z. B. von Carl Diem, geäußert wurde, ausgeschieden werden. Das Grundübel wurde vielmehr im Grundprinzip der Höchstleistung selbst geortet. Nach Rudolf von Laban handelt es sich bei den Rekorden um übermäßige Leistungen, die auch nur durch eine übermäßige Kraftanstrengung, also durch eine Verkrampfung oder Erstarrung erreicht werden können. „Es ist ja auch bekannt, dass eine ganze Reihe von Sportleistungen den Körper schädigen und zumindest die natürliche Bewegungsfähigkeit eindämmen. Ein

Rekorddiskuswerfer wird unfähig sein, eine wirklich raumgesetzlich harmonische Armbewegung oder Armführung zu vollführen; es sind bei ihm bestimmte Muskelgruppen übertrainiert, andere vielleicht vernachlässigt, und das gesamte Zusammenspiel ist nicht mehr harmonisch, sondern disharmonisch grotesk, auf eine Sonderabart der Armbewegung eingestellt. Dies gilt für alle Spiel- und Sportbewegungen, die Rekordleistungen anstreben." (Laban, 1926, S. 21) Die natürliche Bewegungsfähigkeit sah man aber nicht nur beim Weltrekordler gestört und deformiert, sondern bei den meisten Menschen überhaupt. Denn wie die gängigen sportlichen Bewegungsabläufe ausschließlich körperliche Spannung voraussetzten, so treibe die erreichte Form der Zivilisation den Menschen in eine gefährliche Dauerspannung. Es beginne mit der Schule, die fast durchweg bewegungshemmend und völlig der Natur entfremdet sei. So komme es, dass die heutige Menschheit nicht mehr fähig sei, sich nach Art natürlicher Menschen zu bewegen. „Vielmehr bringt es die schreckliche Hetze der Großstadt und des modernen Arbeitsbetriebes mit sich, dass ein großer Teil der Menschheit in einem Dauerzustand von Spannung ist. Diesen allgemein als Nervosität bekannten Zustand, immer zu viel Energie bei der Arbeit zu vergeuden und nicht mehr nach jeder Anstrengung loslassen zu können, nennen wir ‚Verkrampfung'." (Medau, 1926, S. 40f.) Wenn es Arbeitsbetrieb und die Großstadt sind, die den permanenten Spannungszustand bewirken, so liegt das Problem generell bei dem, was *von außen* auf den Körper eindringt, ihn einordnet und unterdrückt. Allerdings funktioniert diese Fremdbestimmung des Körpers nur durch eine Instanz im Menschen selbst: durch Verstand und Wille. Sie sind die Agenten der gesellschaftlichen Zwecke. „Aber wenn der gesellschaftliche Zweck um jeden Preis ausschlaggebend wird, muss das Gebot der Natur zurücktreten. Der

Körper verliert seine vitale Kraft, indem er willfähriges Werkzeug für die Zielsetzungen des Verstandes wird." (Hilker, 1926a, S. 70) Die dauernde Verstandes- und Willensbeanspruchung hat zur Folge, dass wegen der unablässigen Anspannung der Muskeln die natürlichen Bewegungsabläufe verkümmern oder ganz verhindert werden. Dauernde Willensanspannung bedeutet dauernde Innervation der Muskeln, woraus ein unökonomischer Ablauf der Bewegung und unnötiger Energieverbrauch resultiert. Aber das Problem bleibt nicht allein auf den Körper beschränkt. Wenn man den erwachsenen Menschen von heute betrachte, so fragen Hedwig Kallmeyer-Simon und Friede Lauterbach, wo finde man entwickelten Sprachsinn, Ausdrucksfähigkeiten durch den ganzen Körper, durch den Ton, durch Zeichnen, Modellieren, Handfertigkeiten usw.? Stattdessen treffe man auf einen Menschen mit Schwächen und Hemmungen, mit inneren unerfüllten Wünschen oder gar innerem Tod. (Kallmeyer-Simon/Lauterbach, 1927, S. 176) Die Ausgangssituation stellte sich also für die neue Bewegungskultur folgendermaßen dar: Der gegenwärtige Mensch lebt tendenziell in einem permanenten Spannungszustand, in den die gesellschaftlichen Anforderungen des Kämpfens und Siegens, vermittelt durch Verstand und Willen, ihn treiben. In reiner Form manifestiert sich diese Spannung im Höchstleistungsprinzip des Sports. Folgen der Dauerspannung sind Verkrampfung in Haltung und Bewegung, unökonomischer Energieeinsatz, Unterdrückung der Eigenbewegung und inneren Anlagen des Menschen. Zum permanenten Spannungszustand führen die gesellschaftlichen Zwecke deswegen, weil sie sich nicht am Körper orientieren, sich nicht aus ihm ableiten und nicht mit ihm übereinstimmen, sondern unabhängig von ihm und gegen ihn entwickelt worden sind. Das ist der Grund dafür, dass sie als fremde Macht von außen an den Körper herantreten und zum

Teil diktatorische Herrschaft über ihn ausüben.

Auf dem Hintergrund eines so kritisierten Status quo kann es für eine Bewegungskultur nur darum gehen, jegliche gesellschaftliche Zwecke aus dem Formgestaltungsprozess der Bewegung auszuschließen, d.h. quer zu den gesellschaftlichen Zwecken und unbeeinflusst von ihnen Bewegungsformen zu entwickeln. Mit dem bloßen Entschluss dazu ist es jedoch nicht getan. Denn die unter der Herrschaft der gesellschaftlichen Ziele geformten Bewegungsabläufe sind zur Gewohnheit und Selbstverständlichkeit geworden. In den körperlichen Bewegungsformen selbst sind die gesellschaftlichen Zwänge materialisiert. Daher ist die Befreiung von diesen gleichbedeutend mit der Befreiung der deformierten Bewegungsformen selbst. In ihrer „Künstlerischen Gymnastik" aus dem Jahr 1910 hat Hade Kallmeyer wohl als eine der ersten darauf hingewiesen, dass fast alle Gymnastiksysteme das Anspannen der Muskulatur zur Kräftigung derselben ins Zentrum stellen, jedoch keine Rücksicht auf die richtige, zweckmäßige *Wiederausspannung* nehmen. Dass aber die Ruhe genauso wichtig sei wie die Arbeit, darauf weise das Beispiel arabischer Kaufleute hin, bei welchen es Sitte sei, beim Durchqueren der Wüste nach Erreichen einer Oase sich auf den Boden zu werfen und im Schatten der Palmen jeden Muskel erschlaffen zu lassen. Nachdem sie 20 bis 30 Minuten in dieser Lage verharrt hätten, seien sie so erfrischt, dass sie nochmal stundenweit ihre Reise fortsetzen könnten. Die Fähigkeit, die Muskeln wirklich erschlaffen zu lassen, sei dem Menschen der westlichen Zivilisation verloren gegangen. Das habe zur Folge, dass er ständig unnötige Muskelanspannungen ausführe, was Energievergeudung bedeute und alle Bewegungen ungraziös mache. Leichtigkeit und Anmut der Bewegungen aber sei nur möglich durch „ausschließliche Benutzung der wirklich in dem betreffenden Augenblick benötigten Muskeln". (Kallmeyer, 1910, S. 51) Um diese Fähigkeit wiederzugewinnen, bedarf es eigens dafür entwickelter Bewegungsübungen, die damals von Kallmeyer noch „Schlaffmachübungen" genannt wurden. Sie dienten dazu, die aufgrund von Dauerspannung in den einzelnen Körperteilen aufgespeicherten Energien aufzulösen. Wenn dies erreicht wird, kann der natürliche Wechsel von Muskelanstrengung und Schlaffmachen der Muskulatur wieder stattfinden. Hade Kallmeyer entwickelte dazu drei Arten von Bewegungsformen: Fallbewegungen, Pendelbewegungen und Schleuderbewegungen. Man kann etwa damit beginnen, dass man die Arme über den Kopf hebt und sie dann plötzlich schlaff herunterfallen lässt. Ohne jegliche Muskelanspannung kann der Arm, durch entsprechende Bewegung des

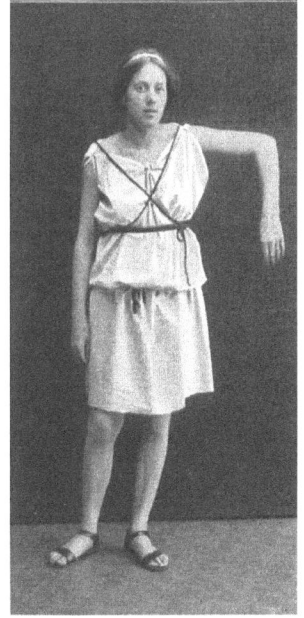

Abb. 24 Schlaffmachen der Unterarme durch Schleuderbewegung

Rumpfes, in eine Kreisbewegung versetzt werden. So soll gesondert aus den einzelnen Körperteilen, dem Kopf, den Armen, Händen, Beinen, Füßen, aus dem Rumpf alle Muskelspannung entfernt werden. Später setzte sich für das Schlaffmachen allgemein der Begriff „Entspannung" durch.

In Rudolf Bodes „Ausdrucksgymnastik" von 1922 bilden die Entspannungsübungen das Fundament seiner Bewegungskonzeption. Ihr Sinn wäre jedoch völlig verkannt, unterstellte man ihnen den Zweck, Spannungen überhaupt zu beseitigen. Nur die *falschen* Spannungen sollen bekämpft werden. „Unter falschen Spannungen verstehen wir vergesellschaftete Spannungen, die nicht in einer organischen Abhängigkeit voneinander stehen, sondern künstlich infolge falscher Bewegungsgewohnheiten entstanden sind." (Bode, 1922, S. 38) Das Falsche am Bewegungsverhalten liegt nach Bode in einem Missverhältnis von Gliedmaßen und Rumpf beziehungsweise deren Beteiligung an der Bewegung. Denn die Hauptlast der gesellschaftlichen Anforderungen an den Körper hätten eindeutig die Gliedmaßen zu tragen. Folglich seien deren Muskeln einer nahezu permanenten Überforderung ausgesetzt. Dabei ist für Bode nicht in erster Linie die übermäßige Kraftanstrengung das Problem, sondern die fast lückenlose Abfolge der Impulse, die auf die Gliedmaßen wirken. „Denn Angriffsobjekte des Willens sind in unserem zivilisierten Leben die Gliedmaßen und nicht der Körper!" (Bode, 1922, S. 29) Richteten sich die Willensakte auf Bewegungen des Rumpfes, würde deren zu große Häufigkeit von selbst unterbleiben. Der zivilisierte Mensch von heute aber arbeite und bewege sich „unter Ausschaltung seines Körpers". Man müsse schon zu Handarbeitern und Bauern gehen, um noch richtige Arbeitsbewegungen zu sehen. Die Ausschaltung des Rumpfes müsse man sich so vorstellen, dass der Willensakt gleichsam über alle physiologischen Zwischenglieder hinweg sofort auf den betreffenden Gliedmaßenmuskel, also auf die Peripherie überspringt. Aus dieser Analyse zum Verhältnis von Gliedmaßen und Rumpf zieht Bode nun seine Schlussfolgerungen für die Entspannung. Wolle man die nervöse Daueranspannung beseitigen, so müsse man die Empfänglichkeit herabmindern, in welcher das zu bewegende Glied zum zentralen Willensakt stehe. Es müsste durch Übung der Ablauf des Innervationsvorganges so geändert werden, dass es nicht mehr zu einer Art Daueranspannung kommen könne. Generell bedeutet dies, dass der übersprungene und ausgeschaltete Rumpf wieder dazwischengeschaltet werden muss. Die Bewegung soll vom Rumpf aus in die Gliedmaßen weiterlaufen. Entsprechend hält Bode diejenigen für die wirksamsten Entspannungsübungen, bei denen die Bewegung der Gliedmaßen durch eine Bewegung des Zentralschwerpunktes ausgelöst wird. Allerdings sind diese auch am schwierigsten zu erlernen. Denn die einzelnen Körperglieder des zivilisierten Menschen, insbesondere seine Gliedmaßen, kennen und führen Bewegungen nur aus, wenn sie das entsprechende Kommando aus dem Gehirn erhalten. Deshalb muss auch jedes einzelne Glied die Realität einer Bewegung ohne Willenssteuerung aus dem Gehirn erst erlernen. Infolgedessen müssen, bevor die entspannte, natürliche Bewegung des ganzen Körpers stattfinden kann, die einzelnen Körperglieder lernen, entspannte, d.h. nicht willentlich gesteuerte und durch Muskelkraft erzeugte Bewegung zu machen. Bode beginnt daher mit Übungen, in welchen der Antrieb durch die Schwer-

Phot. Dr. Schimmer

Abb. 25 Entspannungsübung für den Oberkörper nach vorwärts, Dora-Menzler-Schule, 1924

kraft bewirkt wird. Dabei handelt es sich um Fallbewegungen, wie sie bereits von Kallmeyer praktiziert wurden. Dies gilt auch für die Übungen, in welchen der Antrieb durch einen Stoß von außen bewirkt wird. Kallmeyer sprach von Pendelbewegungen. Grundsätzlich geht es also darum, die eingefahrene Gleichung „Bewegung = Willensimpuls + Muskelkraft" außer Kraft zu setzen und an ihre Stelle die willens- und muskellose Bewegung zu setzen. Nur wenn sie gelernt ist, kann der notwendige Kontrast entstehen, der erst einen naturgemäßen Wechsel von An- und Abspannung wieder möglich macht. Alle die Störungen, welche in zu starker, zu früher oder zu später Muskelanspannung begründet sind, sind nur korrigierbar, wenn die Fähigkeit zur Bewegung ohne Willens- und Muskelanspannung erworben wird. Man kann daraus einerseits ersehen, dass die Entspannungsübungen zur Beseitigung von Schäden und Störungen im Bewegungsverhalten, also zu therapeutischem Zweck erfunden sind. Die „ausschließlich heilpädagogischen Zwecke" der Entspannungsübungen formulierte Bode in seiner „Ausdrucksgymnastik" von 1922 bereits deutlich: „Es sind nicht im eigentlichen Sinne Naturbewegungen, denn diese würden ja gerade das Fehlen von Verkrampfungen voraussetzen, sondern Kunstbewegungen, der Arznei in der ärztlichen Kunst vergleichbar, durch welche eine Störung beseitigt und der natürliche Ablauf im Organischen wiederhergestellt wird." (Bode, 1922, S. 31) Andererseits war die Entspannung in der Absetzung der neuen Bewegungskultur von der alten so fundamental, dass sich mit ihr das Wesen der Gymnastik definieren ließ: „Das Wesen der Gymnastik liegt in der Befreiung der den Körper aufbauenden und bewegenden Kräfte von allen Hemmungen, die äußerliche Zwecksetzungen oder übersteigerte willentliche Beanspruchung herbeiführen." (Hilker, 1926 b, S. 490) Ähnlich definierte der Vorkämpfer der proletarischen Körperkulturbewegung, Adolf Koch, die Aufgabe der Gymnastik: „Aufgabe der Gymnastik muss sein, den natürlichen und gesunden Körper als Grundlage betrachtend, alle Verkümmerungen, Verkrampfungen, Hemmungen, Schäden und Schwächen soweit zu beseitigen, dass wirklich alle gesunden Fähigkeiten entwickelt werden können." (Koch, 1929, S. 80) Bis hierher ist die neue Bewegungskultur eine Befreiungsbewegung, die den Körper aus der Unterdrückung durch die technisch-industrielle Zivilisation befreien will. Ist die alte Herrschaft aber abgeschüttelt und sind deren schädliche Auswirkungen abgebaut, muss die Befreiungsbewegung zur Aufbaubewegung werden.

Der Körper als Formprinzip der Bewegung

Das Aufkommen der neuen Bewegungskultur bedeutet die bewusste Weigerung, die gesellschaftlichen Ansprüche mit ihrem Höchstleistungsprinzip auf den eigenen Körper bewegungsformend wirken zu lassen. Wenn nun die von außen an den Körper herangetragenen Bewegungsschemata in ihrer Wirkung aufgehoben werden, bleibt als formbildender Faktor für die Bewegung nur der Körper selbst. Von diesem Grundgedanken sind alle Richtungen der Gymnastikbewegung ausgegangen. Franz Hilker formulierte die Kulturaufgabe der Körpererziehung, die der Gymnastik obliege, als „Formung eines neuen Menschen vom Körperlichen aus". (Hilker, 1926a, S. 71) Auch Rudolf Bode stellte immer wieder fest, dass es für die Gymnastik nur einen einzigen Ausgangspunkt geben dürfe: den menschlichen Körper. Da erhebt sich die Frage, wie überhaupt vom Körper bestimmte Bewegungsformen ableitbar sein sollen. Besitzt der Körper aufgrund seiner Form und seines Aufbaues ein eigenes Programm an Bewegungen?

Eine solche Annahme geht vor allem zurück auf die Ärztin Bess M. Mensendieck, die 1906 in ihrem Buch „Körperkultur des Weibes" die Grundlagen hierfür geschaffen hat. In einer kurzen Darstellung von 1923, betitelt „Mein System", hat sie ihren alternativen Ansatzpunkt prägnant formuliert. Unter Ausschluss jedes „von außen kommenden Drills" habe sie ihr System darauf aufgebaut, dass sie ihre Schülerinnen lehre, „ihren Körper gleich einer Maschine detailliert kennen zu lernen und so einen Kontakt herzustellen zwischen Gehirntätigkeit (Innervation durch den Willen) und Funktion". (Mensendieck, 1923, S. 37) Das Kennenlernen des Körpers geschehe dabei 1. in architektonischer Beziehung (Skelettkenntnis); 2. in anatomischer Beziehung (Muskel- und Gelenkkenntnis); 3. physiologisch (Kenntnis der Muskelfunktion); 4. mathematisch, womit Mensendieck die Erklärung meinte, nach welchen mechanischen und physikalischen Gesetzen die einfachsten Alltagsbewegungen entstehen und sich vollziehen. Diese zeige 5., dass die gut oder schlecht zusammengefügte Gestalt abhängt von der bewussten Anwendung der den Körper regierenden Naturgesetze. Denn wenn keine Kenntnis davon vorhanden sei, entstehe durch Nachahmung und Gewohnheit ein schlechter Bewegungsautomatismus, der körperliche Defekte und frühen Verfall zur Folge habe. Da in Mensendiecks System die Bewegung kaum eine Rolle spielt und da sie sich streng in ihrem naturwissenschaftlichen Rahmen hielt, wurde ihr von anderen Richtungen der Gymnastikbewegung vielfach mechanistisches Denken vorgeworfen. Grundsätzlich aber wurde für die gesamte neue Bewegungskultur, die sich als neues Prinzip der Lebens- und Weltgestaltung verstand, der nach Gelenken, Bändern, Muskeln betrachtete Körper zum Dreh- und Angelpunkt. Das neue Welterleben, wie es auch im neuen künstlerischen Tanz wirksam wurde, gründete in einer anderen Auffassung von Bewegung. „Der Mensch als Körperwesen hat wieder in sich hineingelauscht und empfunden, dass aus diesem Innern, aus der Bewegung dieses scheinbar mechanischen Apparats von Gelenken, Muskeln, Herz, Lunge, Skelett seelische Erlebnisse aufsteigen, dass da Leben ist und nach außen drängende Kraft, die nach Freiheit und Gestaltung begehrt, ob auch wohl eine vorübergehende Zeit daran vergaß und von diesen Gewalten nichts wissen wollte, bis sie schließlich unter der übergroßen Spannung mit verwirrender Leidenschaft losbrachen." (Böhme, 1926, S. 24)

Hedwig Hagemann entwickelte im Anschluss an die hygienische Gymnastik von Bess Mensendieck und als ihre Schülerin eine Bewegungslehre, worunter sie verstand: „das Studium vom Ablauf der Bewegung, das Eindringen, die Durchdringung der gesamten Körperfunktion, nicht um eines hygienischen Zwecks willen, sondern rein und allein, um sich und seine körperlichen Möglichkeiten zu studieren". (Hagemann, 1923, S. 43) Solches Studium der körperlichen Bewegungsmöglichkeiten würde zum Beispiel zu der Erkenntnis führen, dass durch richtig gelagerte Schulterblätter ein rhythmischer Bewegungsablauf ermöglicht und zugleich Kraft gespart wird. Auch könne ein Körper nur schön sein, wenn er seinen ihm innewohnenden Kräften entsprechend gehandhabt werde. Dass es sich bei diesen Kräften um eine eigene hochkomplexe Welt von Prinzipien, Strukturen und Gesetzmäßigkeiten handelt, können andeutungsweise die Systeme zeigen, wie sie von den verschiedenen Vertretern und Richtungen der neuen Bewegungskultur ausgearbeitet wurden. Es scheint, dass diese Welt der Bewegung nicht weniger reich und vielfältig ist als die, welche durch die gesellschaftlichen Zwecke erzeugt wird. Noch bevor sie im Einzelnen erschlossen ist, mag das Revolutionäre schon erahnt werden, das im Übergang von Bewegungen, die von außen dem Körper aufgezwungen werden – z.b. möglichst schnell eine bestimmte Strecke zu durchlaufen, – zu Bewegungen, die aus dem Körper selbst kommen, liegt. In der neuen Kultur der menschlichen Körperbewegung richtet sich kein Wille von außen auf eine Bewegung, wie es Louise Langgaard zusammen mit Hedwig von Rohden, Leiterin der Gymnastikschule Loheland, formuliert. Wenn schon der Begriff „Wille" weiter verwendet werden soll, so sei darunter ein Wille zu verstehen, „der in den Bewegungen, in den Gliedern liegt und der dem Schüler sich enthüllt, sobald er sich in die lebendige Anschauung der Gelenke einlässt... Indem wir unsere Aufmerksamkeit dem Wesentlichen der Gelenke zuwenden, tun wir etwas, was der Wiederbelebung des Bewegungssinnes zuträglich ist. Und Wiederbelebung des Bewegungssinnes ist als Zukunftsaufgabe der umfassenden Lebensaufgabe des Pädagogen überstellt." (Langgaard, 1923, S. 51) Später sprach sie von der „treibenden Kraft der Natur selbst", welche in jeder Bewegung die Handlung der Glieder vollziehe. Niemals dürfe einer Bewegungsübung „Geistgemäßes" von außen appliziert werden. Vielmehr vollziehe sich „das Wesentliche, Geistoffenbarende, innerhalb jeder Bewegung selbst". (Langgaard, 1929, S. 74f.) Bei Rudolf von Laban schließlich heißt es, dass in demjenigen eine neue Welle von Kräften aufsteige, „der die Gesetzmäßigkeit der aus seinem Inneren strahlenden Lebenskraft zu verspüren vermag". (Laban, 1926, S. 34)

Der Ansatz zu einer neuen, den inneren Gesetzen des Körpers und seiner Organe entspringenden Bewegungskultur bezog seinen Antrieb natürlich nicht nur aus einer neuen Theorie, wenn auch empirisch begründeten Theorie. Man hatte durchaus praktische Anschauung vor Augen, wenngleich kaum aus dem Alltagsleben. „Organische Bewegung finden wir nicht in deutschen

Turnhallen und auf deutschen Sportplätzen, auch nicht in Hochschulen für Leibesübungen, trotz aller von Wissenschaftlern vorgetragenen Bewegungslehren, wohl aber bei Kindern, javanischen Tänzern, chinesischen Akrobaten und bei allen Menschen und Völkern, die das Wirken der Naturkräfte in sich noch lebendig verspüren und sich nicht den Weg zu ihnen durch eine vermeintliche ‚Wissenschaft' versperrt haben." (Hilker, 1928, S. 121f.) Demnach haben die Gymnastiksysteme an einem Punkt anzusetzen, wo das herkömmliche Wissen völlig versagt: an den Gesetzmäßigkeiten, Abläufen und Modalitäten der körperlichen Bewegung. Wissenschaft und Forschung hatten sich durchaus des Körpers angenommen. Hilker sprach von einer gut fundierten Kenntnis des Knochen- und Muskelsystems, auch von den Stoffwechselvorgängen wisse man Wesentliches. Nur eben der eine, aber entscheidende Gesichtspunkt, dass bei jeder Bewegung alles am Körper mit allem zusammenhängt, war gänzlich unberücksichtigt geblieben. Und so wurde das spezifische Wissen darum, dass alle Teile des Körpers, seine Glieder und Organe miteinander in einem bestimmten Zusammenhang und in einem Verhältnis zueinander stehen, von der neuen Bewegungskultur ins Zentrum gerückt, woraus sie ihre Welt der Bewegung ableiten konnte.

Hade Kallmeyer, die unter ästhetischer und künstlerischer Perspektive eines der frühesten Systeme der neuen Bewegungskultur entwickelt hat, entdeckte drei „Gesetze", nach denen natürliche Bewegungen ablaufen. Sie berichtet, es habe auf sie wie eine Offenbarung gewirkt, in die Gesetze der Bewegung eingeweiht zu werden. Es ergäben sich für die Gymnastik ganz neue Gesichtspunkte der Beurteilung für natürlich und falsch, schön und unschön, sowie ungeahnte Möglichkeiten der Neugestaltung. (Kallmeyer, 1910, S. 63)

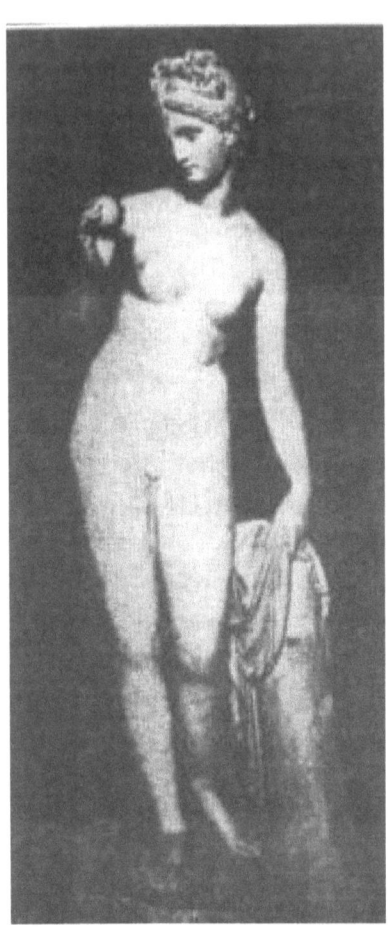

Abb. 26 Venus mit dem Apfel, stark ausgebogene harmonische Stellung

Das erste Gesetz ist das der „harmonischen Stellung". Es besagt, dass die aufrechte Stellung des Menschen eine fein nuancierte Gewichtsverteilung verlangt. Sie gewährleiste die „Schönheit der harmonischen Stellung" dann, wenn sie alle geraden Linien des Körpers in geschwungene auflöse. „Der ganze Körper wird fließendes Leben, während er in der strammen Haltung gebunden ist." (Kallmeyer, 1910, S. 67) In der harmonischen Stellung bilde der Körper eine leichte Spirallinie, die sich sowohl über das Spielbein wie das Standbein über Körper und Kopf emporziehe. Das Üben der mit griechischen Vorbildern übereinstimmenden harmonischen Stellung kann in der Weise geschehen, dass das Körpergewicht immer von einem Bein auf das andere verlegt wird und die übrigen Körperteile sich dieser Bewegung anpassen. Die stärkste Neuerung ist dabei die Einbeziehung der Hüftbewegung. Denn durch die langandauernde Unsitte des Korsetttragens sei hier bei den Frauen eine tief sitzende Hemmung eingetreten, so dass die Hüftbewegung anfangs ganz ungewohnt und fremd berühre. Sie gehöre aber notwendig zur Gesamtbewegung des Körpers dazu. Denn im Sinne einer harmonischen Stellung hätten die einzelnen Teile wie Kopf und Rumpf stets eine bestimmte Stellung zueinander einzunehmen. Der Körper dürfe sich nicht „in einer geschlossenen Masse" bewegen, sondern müsse eine Unabhängigkeit der Hüft- und Kopfbewegung erreichen.

Diese ist Voraussetzung für das zweite Gesetz, das „Gesetz der Gegenbewegung". „Unter ‚Gegenbewegung' verstehen wir die Bewegung der einzelnen Gliedmaßen und Körperteile gegeneinander und voneinander, im Gegensatz zu parallelen Bewegun-

Abb. 27 Gegenbewegung von Arm und Bein nach vorn

Abb. 28 Gegenbeispiel: Parallele Bewegung von Arm und Bein nach vorn

gen, bei denen sich zwei Gliedmaßen in derselben Richtung bewegen." (Kallmeyer, 1910, S. 75) Gegenbewegungen sind möglich zwischen Hand und Arm, Armen und Beinen, Kopf und Armen, Bein und Körper, Kopf und Schultergürtel, Schulter- und Hüftgürtel. Zentral sind für Kallmeyer die Gegenbewegungen, an denen der Rumpf beteiligt ist. Indem seine Beweglichkeit gefördert wird, würden zugleich die inneren Organe gedehnt und so funktionstüchtig erhalten.

Vor allem die Gegenbewegung zwischen Hüft- und Schultergürtel bringe den inneren Organen eine Art Massage, wie man sie sich gründlicher nicht wünschen könne. Beziehe man den Rumpf mit in die Bewegung ein, erkenne man erst, welcher Fülle von Bewegungsmöglichkeiten sich jene Bewegungskultur ver-

Abb. 29 Gegenbewegung von Kopf und beiden Armen

Abb. 30 Gegenbewegung von Hüft- und Schultergürtel und Kopf

116

schließe, die nur die glatte Körperfront und die geraden Linien in ihren Bewegungsformen verwerte.

An dritter Stelle führt Kallmeyer das „Gesetz der Folge" an. „Wie schon der Name sagt, bedingt dasselbe eine richtige Folge innerhalb der Bewegung, die stets von den richtigen Punkten auszugehen hat, und zwar bei den Armen von den Schultern, bei den Beinen von den Hüften, bei der Körperbewegung vom Hüftgürtel aus." (Kallmeyer, 1910, S. 95) Von diesen Punkten aus soll die Bewegung von einem Glied zum nächsten fließen. Wenn zum Beispiel beim Bein die Bewegung von der Hüfte ausgeht, dann müsse die Kraft bewusst von hier aus zunächst durch den Oberschenkel, dann durch den Unterschenkel in den Fuß überfließen. Wenn schließlich für den gesamten Körper eine Bewegungsfolge zu entwickeln sei, so liege der eine privilegierte Ausgangspunkt für alle Bewegungen in den Hüften. D.h. dass jede Bewegung zuerst mit einer Hüftbewegung beziehungsweise Beuge beginnt und dann erst in Arme, Kopf oder Beine fließt. Damit besteht der Kern des „Gesetzes der Folge", aber auch des Gesamtansatzes von Hade Kallmeyer im Ablauf jeder Bewegung vom Zentrum nach außen.

Von Bode hatten wir die Kritik gehört, dass in unserem zivilisierten Leben der Wille hauptsächlich an den Gliedmaßen, nicht aber am Rumpf ansetze. Insofern stellt Hade Kallmeyers Gymnastikkonzept eine frühe Gegenbewegung zu dem von der Zivilisation geprägten Bewegungsverhalten dar. Bode formulierte 1920 ebenfalls drei Gesetze vom richtigen Ablauf aller Bewegungen. Dazu zählte er neben der oben bereits erwähnten Entspannung – keine falschen Muskelanspannungen stören den Bewegungsablauf – das Gesetz des Schwerpunkts und der Totalität des Körpers. Das erste besagt: „Alle Willensimpulse müssen sich unbewusst auf den Schwerpunkt richten, vor allem auf den Zentralschwerpunkt des ganzen Körpers." (Bode, 1920, S. 25) Das zweite Gesetz lautet: „Jede natürliche Bewegung erfolgt unter Mitbewegung (evtl. Mitanspannung) des gesamten Körpers. Wie eine planetarische Störung das gesamte System beeinflusst, so strahlt jede Bewegung auf den ganzen Organismus über." (Bode, 1920, S. 24) Beide Prinzipien der Körpererziehung, wie Bode sie später nannte, sind eng miteinander verknüpft: „Wenn die Totalität des Bewegungsbildes erhalten bleiben soll, so kann es für den Willensakt nur einen Angriffspunkt geben, den Schwerpunkt." (Bode, 1922, S. 21)

Aus der anatomischen Tatsache, dass dieser Schwerpunkt im Inneren des Rumpfes, ungefähr vor dem zweiten unteren Wirbel der Wirbelsäule liegt, erklärt sich somit die herausgehobene Funktion der Hüftbewegung im Rahmen der neuen Bewegungskultur. Weil der Schwerpunkt der einzige Punkt ist, von dem aus der Körper in seiner zusammenhängenden Ganzheit in Bewegung gesetzt werden kann, muss in der Körpergegend, wo er liegt, ein Spannungszentrum erhalten bleiben, nachdem aus allen aktiven Gliedmaßen die Energien zurückgezogen sind. Jutta Klamt, Leiterin einer Gymnastikschule in Berlin, beschreibt den Schwerpunkt so: „Das Zentrum, der Zentralpunkt, von dem bei meinem System jede Körperbewegung ausgeht und zu dem sie auch wieder zurückkehrt, ist das Becken, und zwar vermindert sich der Spannungskomplex auf etwa 10 cm. – Er bedeutet Ruhepunkt, Kraftquelle und ist sozusagen Sendestation für alle Strahlungen und Schwingungen, die in Form von verschiedenartigster Bewegung der Glieder von dort tatsächlich oder reflektiert ausgesandt werden." (Klamt, 1926, S. 503) Aus dem Leitgedanken der Wiederbelebung der Bewegungstotalität des Körpers, d.h. vom Schwerpunkt aus, ergeben sich für Bodes Gymnastiksystem an erster Stelle die Schwungübungen. Im weiteren

Sinn betrachtet er sie auch als Entspannungsübungen, sieht den spezifischen Unterschied zu diesen aber darin, dass die Schwungübungen keine Kunstbewegungen sind, sondern den Charakter von natürlichen Bewegungen besitzen. Zu Schwerpunktbewegungen werden die Schwünge dadurch, dass die Bewegung der Arme grundsätzlich durch den Rumpf ausgelöst wird. In Reinform geschieht dies durch Hüftbewegung, in indirekter Form aber auch durch Senken und Heben der Knie, wodurch der Rumpf in eine Auf-und-ab-Bewegung versetzt wird. Entsprechend dem Ursprungsort des stärksten Bewegungsimpulses benennt Bode die verschiedenen Schwünge. Ein „Knieschwung" zum Beispiel wird durch Kniesenkung ausgelöst. Eine der Grundübungen besteht darin, dass der nach vorne gebeugte Körper bei nach hinten gehobenen Armen durch plötzliche heftige Senkung der beiden Knie

Abb. 31 Umkehrmoment beim „Knieschwung", Rudolf Bode

den nach vorne schwingenden Armen einen Antrieb gibt. Der Schwung der Arme lässt seinerseits den Körper nach der Senkung sofort wieder hochfedern, woran sich nun die gleiche Übung rückwärts anschließen kann. Bode schließt dann eine

Übungsserie an, die er „Kniekreis" nennt. Hier wird durch Kniesenkung nicht nur ein Schwung, sondern eine Kreisbewegung
des Armes ausgelöst. Danach folgen die Übungen, die in reinster
Form die Schwerpunktbewegung realisieren, nämlich die Hüft-
bewegungen, welche die Arme entweder in eine Schwung- oder
eine Kreisbewegung versetzen.

Die genannten Beispiele von Schwungübungen vermitteln in
praktischer Ausführung sehr deutlich die Erfahrung, dass mit
dem ausschließlichen Kraftimpuls auf den Schwerpunkt der im
Übrigen entspannte, ganze Körper in Bewegung versetzt werden
kann. Jedoch beinhaltet das Totalitätsprinzip der neuen Bewegungskultur noch mehr. Der Vergleich mit dem Bewegungsablauf
beim Weitsprung, Hochsprung oder Hundertmeterlauf macht
dies ohne weiteres deutlich. Während bei den im Sport auszu-
führenden Bewegungen alle Körperglieder in absolute Gleichzeitigkeit zum Beispiel mit der Beinbewegung beim Start zum Hundertmeterlauf oder beim Hochsprung gebracht werden müssen,
bewegen sich bei der Schwerpunktbewegung die Glieder in zeitlicher Verzögerung zueinander. Wo dagegen die Bewegung unter
der Forderung der Höchstleistung steht, müssen die Glieder mit
Hilfe der Muskeln zur Gleichzeitigkeit gezwungen werden. Jede
zeitliche Verzögerung zwischen den Bewegungen der Glieder
würde dem Höchstleistungsprinzip widersprechen. Während
also bei den Bewegungsformen des Sports die Glieder auf eine
lineare, pfeilartige Bewegung hin gleichgeschaltet werden, zielt
die neue Bewegungskultur gerade darauf, die Glieder in ihren
Bewegungen gegeneinander zu differenzieren. Das bevorzugte
Bild für diesen Vorgang ist die Welle. Mit Rückgriff auf Hade
Kallmeyers „Gesetz der Folge" beschreibt Rudolf von Laban den
folgenden grundsätzlichen Unterschied bei Bewegungen. Man
könne eine Bewegung so ausführen, dass man zuerst das äußere

Ende eines Körpergliedes zum Ziele hebt, also zum Beispiel die Hand und die Finger, und dann erst Arm und Schulter und Körper nachfolgen lässt. Eine solche Bewegung wirkt starr und gebunden, sie ist Resultat der einzelnen Muskelleistungen. Mehr die Form einer Welle zeigt die entgegengesetzte Möglichkeit, eine Armbewegung in der Folge von Rumpferschütterung, Führung des Schulterblattes, Oberarmes, Unterarmes und zuletzt der Hand ablaufen zu lassen. Zu diesem Typ von Bewegung, die aus der Mitte des Körpers ausströmt, hat Laban Übungen entwickelt, welche er aus zwei Grundbewegungen ableitet. Er nennt sie „Schöpfen" und „Streuen". Die letztere kann man etwa beobachten, wenn ein Mensch langsam aufrecht durch einen schweren Vorhang, dessen schmalen Spalt er mit den Armen auseinanderschieben muss, schreitet und dabei eine ruhige, hoheitsvolle Haltung bewahrt. Entscheidend ist für Laban, dass dies keine reine Armbewegung bleibt, sondern der ganze Körper mitgeht. „Diese Bewegung geht als Welle vom Schwerpunkt aus und durch die Wirbelsäule in den Rumpf, in den Hals, seitlich in die Arme bis in die Fingerspitzen. Nach unten greift diese Bewe-

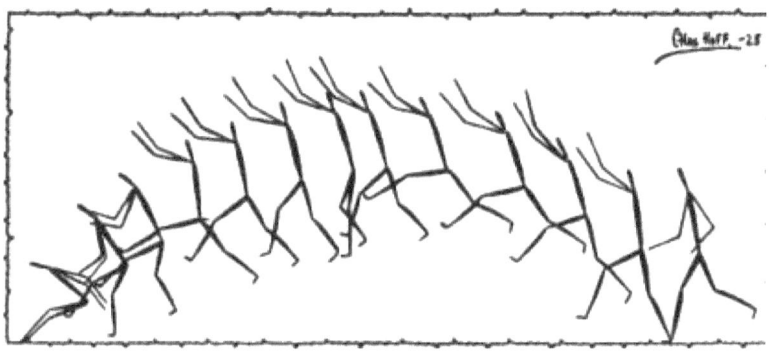

Abb. 32 Die Bewegungsfolge beim Weitsprung

121

gungswelle in die Beckenmuskulatur und von da in die Ober-, Unterschenkel und Füße bis in die Zehenspitzen hinein." (Laban, 1926, S. 70)

Von hier aus tritt der Unterschied zur Bewegungsweise des Sports noch deutlicher hervor. Während dort alle Muskeln zwecks Erreichung eines bestimmten Zieles durch Kommando von außen zum Gleichschritt angehalten werden, lässt sich die vom Schwerpunkt ausgehende Bewegung von den einzelnen Gliedern jeweils nach deren eigener „Logik" weitertragen. Dies soll jetzt noch an einem Beispiel anschaulich gemacht werden. Aufgrund der Kritik an der Bewegungskultur des Sports könnte man zu dem Schluss kommen, dass schnelles Laufen und kraftvolles Springen in der neuen Bewegungskultur keine Rolle spielt. Dies trifft jedoch nicht zu. Der Sprung ist der gymnastischen Bewegungskultur keineswegs fremd, sondern steht zu ihr sogar in besonders enger Beziehung. Denn der vom Schwerpunkt aus durch die Glieder strömenden Bewegung ist grundsätzlich eine Labilität oder „Flüchtigkeit" (Laban) eigen. Und diese wird beim Sprung am weitesten getrieben. Genau an diesem Punkt lässt sich der Unterschied zwischen dem sportlich betriebenen Sprung und dem gymnastischen präzise beschreiben und in der Folge davon auch angeben, wie der sportliche Sprung in einen Sprung der neuen Bewegungskultur umgewandelt werden kann. Mit der Zielvorgabe der möglichst großen Höhe oder Weite haben sämtliche Muskeln die Aufgabe, in gleichzeitiger Anspannung den Körper möglichst nahe an die vorgegebene Bewegungskurve heranzubringen. Kein Glied des Körpers darf eine Bewegung machen, die geeignet wäre, von der idealen Sprungbahn abzulenken. Nimmt man diese Zielvorgabe weg, eröffnet sich eine Fülle von Bewegungsmöglichkeiten beim Sprung. Zum einen schafft die Abwesenheit jeder Vorgabe von einzuhaltenden Sprungbahnen wie das Öffnen einer Fessel vielfältige Möglichkeiten, den Körper im Sprung zu biegen, zu drehen, zu beugen, zu strecken. Zum anderen ergibt sich hinsichtlich der wellenförmigen Fortpflanzung der Bewegung vom Schwerpunkt aus eine besondere Situation. Beim Körper, der auf der Erde steht, erfährt die Wellenbewegung, die vom Schwerpunkt ausgeht, in den Beinen zwangsläufig eine Hemmung, weil die Füße auf der Unterstützungsfläche fixiert sind. Beim Sprung hingegen wird diese Gebundenheit aufgehoben. Während der Körper für einige Momente durch die Luft fliegt, können vom Rumpf und von der Körpermitte Bewegungen ausgehen, die entsprechend der Logik der Gelenke und Glieder sich nun auch in die Beine ungehemmt fortpflanzen können.

Abb. 33 Gymnastischer Sprung, Rudolf von Laban

Abb. 34 Schule für Tanz und Gymnastik, Berthe Bartholomé Trümpy

123

Das rhythmische Bewegungsprinzip

Mit dem Schwerpunktprinzip und dem „Gesetz" der Folge ist jedoch noch keineswegs die Gesamtwirklichkeit der neuen Bewegungsform erfasst. Bisher war nur von jeweils einem, herausgelösten Bewegungsablauf die Rede, der durch einen einzigen Impuls ausgelöst wird. Die Bewegungen des Alltags- und Arbeitslebens, eines 100-m-Laufs oder Weitsprungs bilden jedoch eine unablässige Kombination und Abfolge körperlicher Bewegungsformen. Kritisiert wurde daran, wie dargelegt, dass die moderne Lebensform durch dauernde Verstandes- und Willensbeanspruchung eine fast unablässige Anspannung der Muskeln zur Folge habe, anstatt es sich in einem rhythmischen Wechsel von An- und Abspannung vollziehen zu lassen. Mit dem rhythmischen Wechsel ist eine Realität angesprochen, mit der das Bewegungsproblem in Beziehung mit dem größeren Lebenszusammenhang tritt. Denn für die neue Bewegungskultur stand die grundsätzliche Frage an: Wenn äußere Zwecke beziehungsweise das Kommando von Geist und Willen nicht mehr zugelassen sind, welche Antriebskraft ist dann für die Bewegung verantwortlich zu machen? Eine nicht von Geist und Willen beherrschte Bewegungswelt bedurfte notwendigerweise der Annahme einer anderen Instanz. Auch hierfür bot sich die Anatomie des Körpers zur Orientierung an. Im Rhythmus des Herzschlags und des Atmens, überhaupt in allen unwillkürlichen Vorgängen im Innern des Körpers fand man das Urmodell der rhythmischen Bewegungsform, auf dem auch jede äußere Körperbewegung gegründet sein sollte. Eine der frühen Formulierungen dieser Erkenntnis finden wir 1908 bei dem Philosophen Melchior Palágyi: „Es liegt in der Natur unseres vegetativen Lebensprozesses, dass es sich in einem System von periodischen und unwillkürlichen Bewegungen, die zwischen entgegengesetzten Phasen verlaufen, äußert. Myriaden von Lebensrhythmen, die in den Zellen und in den sie verbindenden Fibrillen eines Organismus verlaufen, verbinden sich zu jenem großen Musikstück, das wir unseren Lebensprozess nennen. Anschaulich wahrnehmbar tritt diese Lebenssymphonie im Atemzug und im Pulsschlag hervor. Die Rhythmen unseres vegetativen Lebens bilden aber die Grundlage dessen, was wir unser animalisches Gemütsleben, unsere Gefühle oder Stimmungen nennen." (Palágyi, 1908, S. 225) Da man das Rhythmische dieser körperlichen Vorgänge, welche der Herrschaft von Geist und Willen entzogen sind, auch in den großen periodischen Wellen, welche nach Monaten oder Jahren das organische Leben des Einzelnen durchfluten, wiederfand, schloss man, dass der gesamte Naturprozess in rhythmischer Form verläuft. Dies könne schon jeder erfahren, so Rudolf Bode, der mit dem Gewehr im Anschlag nach der Scheibe ziele. „In den ununterbrochenen, feinen Erzitterungen des Armes, die eine absolute Einstellung auf das Ziel unmöglich machen, verrät sich die unaufhörlich vibrierende Lebensbewegung." (Bode, 1922, S. 7)

Eine aller geistigen und willensmäßigen Verfügung vorausliegende ursprüngliche Lebensbewegung sieht Bode aber nicht nur in den überindividuellen körperlichen Lebensvorgängen, sondern auch in den individuellen Bewegungen. Im Gang, in der Körperhaltung, in Sprache und Handschrift trägt sich Individuelles rhythmisch aus. Der Psychologe und Philosoph Ludwig Klages formuliert es so: „Den ganzen Menschen beständig durchrollend modelt sein seelischer Eigenpulsschlag jeden Zug seines Mienenspiels wie jede Bewegung seiner Finger, durchblutet den Ausdruck jeder mindesten Wallung, beprägt mit seinem Rhythmus jede Hantierung und verleiht noch den Erzeugnissen des werkelnden Töpfers, Schmiedes, Webers, Tischlers, Schusters, Mau-

rers, Seilers eine nicht ganz zu verwischende und niemals aufzu-
lösende 'Handschrift'." (Klages, 1921, S. 115) Klages interpretiert
die individuelle Eigenart der Bewegung eines Menschen deswegen als Rhythmus, weil sie sich unwillkürlich, d.h. ohne bewussten Willensakt, mit traumwandlerischer Sicherheit in den ver-
schiedensten Bewegungen und Tätigkeiten auszuprägen versteht.

Die Antwort auf die Frage nach dem neuen Antrieb der Bewe-
gung kann somit zunächst lauten: Diese Antriebskraft liegt im
Rhythmus, welcher sich als das Bewegungsprinzip des gesamten
Lebensprozesses erweist, soweit dieser nicht der Herrschaft von
Geist und Willen unterworfen ist. Deswegen ist es wichtig, das
Wesen des Rhythmus genauer zu erfassen. Er fällt aus der
Wahrnehmung des Menschen, der prinzipiell mit Geistes– und
Willensentscheidungen vorgeht, weitgehend heraus. Entsprechend unscharf ist der Begriff des Rhythmus in der Umgangs-
sprache. Dort ist er im Wesentlichen auf den akustischen Bereich
(Musik, Schlaginstrumente, Geräusche) beschränkt. Im Bereich
von Schall, Klang, Ton und Laut tritt das Wesen des Rhythmus
zwar deutlich zutage, doch fällt er hier meist der Verwechslung
mit dem *Takt* zum Opfer. Deshalb bildeten Takt und Rhythmus in
der Auseinandersetzung zwischen der sportlichen und gymnastischen Bewegungskultur in den 20er Jahren des 20. Jahrhunderts
den großen Gegensatz. Sie wurde unter anderem von Rudolf
Bode und Ludwig Klages geführt. Bode entwickelte dabei seinen
Rhythmusbegriff vor allem in kritischer Abgrenzung gegenüber
seinem früheren Lehrer Jaques-Dalcroze, mit dem seit etwa
1904 der Begriff der „Rhythmischen Gymnastik" verbunden war,
und dem damals sehr bekannten Werk von Karl Bücher über
„Arbeit und Rhythmus". (Bücher, 1896) Bode warf beiden den
„grundsätzlichen Fehler" der durchgängigen Verwechslung von

Rhythmus und Takt vor. Für ihn war dies kein Streit um Worte, sondern er sah darin das „aktivistisch-mechanistische Prinzip" am Werk, das den vergangenen Jahrzehnten seinen Stempel aufgedrückt habe. Den Unterschied zwischen Rhythmus und Takt beschrieb er so: „Rhythmus geht zurück auf das griechische ‚reein', das ‚fließen' bedeutet. ‚Takt' kommt vom lateinischen tangere, das ‚berühren, schlagen' bedeutet. Folglich ist der Rhythmus etwas Fließendes, ein Kontinuum." Bode schließt daraus, dass der Begriff des Rhythmus seinen Ursprung in der Erfahrung des ununterbrochenen Fließens der körperlichen Lebensvorgänge hat: „Aller Rhythmus ist gebunden an den Strom des Lebens…". (Bode, 1920, S. 7) Demgegenüber ist der Takt die regelmäßige Wiederholung zeitlicher Erscheinungselemente. Er wird von der einteilenden Kraft des Geistes hervorgebracht. Er teilt den kontinuierlichen Fluss der Lebensbewältigung mechanisch in Abschnitte ein. Der Unterschied zwischen Takt und Rhythmus sei, so führt Ludwig Klages aus, zum Beispiel deutlich wahrnehmbar, wenn man einen genau nach dem Metronom spielenden Anfänger am Klavier mit einem Könner vergleiche, der nicht metronomisch genau spiele, oder wenn man ein den Vers skandierendes Kind dem Vortragskünstler gegenüberstelle, der nicht skandiert. Die vollkommenste Durchführung des Taktes finden wir in der in Bewegung befindlichen Maschine und haben damit zugleich das direkte Gegenteil des Rhythmus. Klages weist darauf hin, dass wir die metronomisch genaue Wiedergabe eines Musikstückes oder den Parademarsch „als etwas Seelenloses und Totes erleben und solche Leistungen ‚mechanisch' zu nennen pflegen; womit wir zum Ausdruck bringen, die vollkommenste Regelerscheinung sei die Maschine und die Maschinenbewegung *vernichte* den Rhythmus!" (Klages, 1923, S. 99) Takt und Rhythmus stehen sich also feindlich gegenüber, worin sich nach lebensphilosophischer Auffassung der allgemeine Antagonismus von Geist und Leben spiegelt. Bode hat eine Reihe von Eigenschaften des Rhythmus und des Takts gegenübergestellt: „Der Rhythmus ist ein vitales Prinzip, der Takt ein geistiges Prinzip. – Das rhythmische Gebilde ist gebunden an das Kontinuum des Lebens, der Takt hat eine isolierte Existenz. – Jeder Rhythmus ist eine absolute Ganzheit; wir können willkürlich nichts daran verändern, ohne ihn sofort zu zerstören. Der Takt baut sich auf aus Elementarteilen, deren Vertauschung nur eine neue Kombination herbeiführt. – Der Rhythmus ist eine Funktion der Zeit und des Raumes, der Takt ist unabhängig von Raum und Zeit. Wir können ‚denselben' Takt hier und da, heute und morgen erzeugen. – Alle rhythmischen Formen gehen auf in höheren organischen Zusammenhängen. Die einzelnen Takte werden zusammengefügt zu größeren Ordnungssystemen. – Der rhythmisch geprägte Organismus wandelt sich immer in seiner Totalität, der Takt nur durch Vertauschung der Glieder, die ihrerseits konstant sind. – Der Rhythmus ist ein qualitatives, der Takt ein quantitatives Prinzip." (Bode, 1920, S. 9)

Der Stand der Überlegungen ist bisher folgender: Wenn das Höchstleistungsprinzip in der neuen Bewegungskultur als Bewegungsprinzip nicht in Frage kommt, weil es von außen dem Körper aufgezwungen ist, dann muss seine Stelle von einem neuen Prinzip besetzt werden. Dieses fand man im Rhythmus der inneren körperlichen Lebensvorgänge wie Herzschlag und Atmung sowie des gesamten Lebensprozesses der außermenschlichen Natur. Das rhythmische Bewegungsprinzip ist also den *unwillkürlichen,* d.h. nicht dem Kommando von Geist und Willen unterstellten körperlichen Abläufen eigen und von ihnen abgeleitet. Der springende Punkt besteht nun darin, dass das Prinzip der Rhythmik in den Bereich der *willkürlichen,* d.h. der vom Willen beherrschbaren Körperbewegungen Einzug halten soll, woraus dann bestimmte gymnastische oder tänzerische Bewegungsformen entstehen. Hier taucht die Frage auf, worin sich das rhythmische Bewegungsprinzip vermitteln, in welchem Medium sich der Rhythmus materialisieren kann, so dass er den realen Körper in bestimmte Bewegungen zu versetzen vermag. Das Höchstleistungsprinzip des Sports findet seine Vermittlung in einer bestimmten Zurichtung der Umwelt. Die künstliche Welt der Sportstätten, Rennbahnen und anderer Einrichtungen, in der die entsprechenden Bewegungen ablaufen können, ist ausschließlich für sie geschaffen. Hohe gesellschaftliche Anerkennung für den Sieg gibt die Motivation zur Willensanstrengung. Für das Rhythmusprinzip bildet dies alles selbstverständlich kein Medium, in dem es sich realisieren könnte. Da in der neuen Bewegungskultur die Bewegungsformen aus dem Körper und seiner Anatomie abgeleitet werden, könnte es scheinen, als wäre das neue Bewegungsverhalten überhaupt umweltlos und ohne Medium. Es benötigt keine besonderen Einrichtungen. Die Schlussfolgerung erweist sich jedoch als Irrtum, sobald man sie als das Produkt einer sprachlichen Abstraktion erkennt. Die inneren körperlichen Abläufe, an welchen das rhythmische Bewegungsprinzip gewonnen ist, existieren als solche gar nicht, sondern nur zusammen mit dem entsprechenden Außen. Zum Rhythmus des Atmens gehört die Luft, welche das Medium bildet, in dem der Vorgang überhaupt erst möglich wird.

Die Luft als Medium des Rhythmusprinzips wurde in der neuen Bewegungskultur deutlich wahrgenommen, vor allem in den Schulen, in deren System Atemübungen eine zentrale Rolle spielten. Louise Langgaard von der Loheland-Schule wollte die Bewegungen der Körperglieder, im Unterschied zu Bode, nicht vom Willensimpuls auf den Schwerpunkt des Körpers, sondern aus der Atmungsbewegung des Brustkorbs folgen lassen. Entsprechend spielte für Loheland das Medium der Luft eine entscheidende Rolle für den Bewegungsrhythmus. Nach der Interpretation von Hilker versuchte man dort aus dem lebendigen Empfinden der Lufttragkraft wertvolle Kräfte für die Gestaltung der Bewegung zu gewinnen. Dies sei vergleichbar mit dem neuen Schwimmunterricht, der zuerst das passive Getragenwerden des Körpers vom Medium des Wassers lehre, um dann aus dem feinen Gefühl für das natürliche Schwereverhältnis zwischen Körper und Wasser die aktive Schwimmleistung zu entwickeln. (Hilker, 1926c, S. 103) Wenn der Schüler in der Gymnastik so unterrichtet werde, werde er bald merken, schreibt Louise Langgaard, „dass die Luft und die Brustkorbbewegung eine beträchtliche Rolle spielen und dass, wenn er die Auftriebskraft der Luft mitwirken lässt, die Schwere der Glieder sich wesentlich verändert. Wenn er den Mut gefunden hat, sich der wirkenden Schwerkraft zu überlassen, wird er die Tragkraft der Luft spüren, innerlich und äußerlich, und wird absolute Ruhe in der schnellsten Bewegung finden. In diesem Erleben findet er sich rhythmisch bewegend, fähig, aufzunehmen andere von außen auf ihn zukommende Rhythmen; rhythmisch wiedergebend das, was sich in ihm durch Wechselwirkung gestaltet." (Langgaard, 1923, S. 53)

Hier wird mit der Schwerkraft bereits ein zweites Medium genannt, das die Voraussetzung für die meisten Entspannungsübungen bildet. Durch die geübte Muskelentspannung soll die in der Schwere wirkende Kraft bewusst erfahren werden. Bei den Übungen muss mit den entsprechenden Möglichkeiten der Gliederverlagerung dafür gesorgt werden, dass die mit der Schwerkraft zusammenhängenden physikalischen Kräfte in Erscheinung treten können. Auch die Schwungübungen, wie sie zum Beispiel Bode entwickelte, sind nicht vollständig beschrieben, wenn nicht die Zentrifugalkräfte genannt werden, durch die sie erst ermöglicht sind. Es geht bei den nach dem rhythmischen Prinzip verlaufenden Bewegungen immer um den einen Zusammenhang: „Die so aus inneren Gesetzen entstehende Bewegung erfährt ihre Formung durch äußere Kräfte." (Hilker, 1926c, S. 103) Ob dies auch für die Welt des Akustischen gilt, darauf gab es in der neuen Bewegungskultur keine einheitliche Antwort. Ausgehend von der Tatsache, dass es nicht zuletzt Töne und Klänge sind, die an den Körper von außen Kommandos herantragen und ihm die Bewegung aufzwingen, wurde Musik im Kontext des gymnastischen Bewegungsprinzips zum Teil völlig abgelehnt. Man konnte sich nicht vorstellen, dass im Medium des Akustischen rhythmische Bewegung sich vermitteln könnte, wo doch gerade mit Marschmusik und Liedern der militärische Schritt eingedrillt wird und das „seelenlose" Gebaren der Gesellschaftstänze als eine äußere Wirkung von Musik erscheint. Andererseits sah man aber, dass das Akustische im Gegensatz zum Optischen eine enge Verwandtschaft mit der Bewegung hat. Ludwig Klages stellte fest, „dass Bewegungserscheinung und Schallerscheinung miteinander gemein haben den Dynamismus der in ihnen erscheinenden Mächte. Wie für den unbefangenen Eindrucksempfänger der Schall unfehlbar etwas Bewegtes und Bewegendes ist, so auch erlebt er jede Bewegung als bedürftig einer klingenden Äußerung ihres Lebensgehalts und wiese sie unwillkürlich einer Welt der Gespenster und Schemen zu bei tatsächlich gänzlicher Lautlosigkeit." (Klages, 1923, S. 128) Damit wäre auch das Akustische einem Medium wie der Schwerkraft vergleichbar, von der gilt, dass ohne sie keine Fallbewegung einer Entspannungsübung abläuft.

Die am wenigsten im Bewusstsein präsente und fast vergessene äußere Formkraft der Bewegung aber entdeckte man im

Raum. Dass der Raum auf die Bewegungsmöglichkeiten und Bewegungsimpulse einen starken Einfluss ausübt, hat vor allem Rudolf von Laban ins Zentrum seiner Bewegungskonzeption in Gymnastik und Tanz gerückt. Franz Hilker wies darauf hin, dass sich ein Rest des Empfindens für die Abhängigkeit des Bewegungsverhaltens vom Raum in jedem Menschen erhalten habe, was in Redensarten wie der vom „drückenden Raum" oder von der „befreienden Weite" deutlich werde. Undeutlich empfinden

Phot. Riebicke

Abb. 35 „Bewegungschor" nach Rudolf von Laban

wir noch, wie ein enger Raum die Atmung beklemmt, während in weiten Räumen unsere Brust sich dehnt. Die räumlichen Formkräfte der Bewegung offenbaren sich außerdem aber auch in den Spannungswirkungen der Körper zueinander, wenn Bewegungen von mehreren ausgeführt werden. In der neuen Bewegungskultur wurde es zur grundlegenden Erkenntnis, dass die Vorstellung des Körpers ohne Raum einer denkerischen Abstraktion entspringt, in einer realen Vorstellung der Körper aber stets nur zusammen mit der Unterlage, auf der er sich befindet, und immer nur im dreidimensionalen Raum wahrgenommen werden kann. Um dies wieder erfahrbar zu machen, hat Rudolf von Laban Übungen zur „Einführung in den Raum" entwickelt. „Diesem Ziel, nämlich dem Ziele der Harmonisierung unseres Umraumgefühles, dienen die Richtungsübungen des Körpers. Die Richtungsübungen machen uns im Wesentlichen die Beziehungen unserer Körperneigungen zur Dreidimensionalität bewusst. Wir sagen, ein Gegenstand liegt vorne, rechts, oben, rückwärts und

so weiter. Wir bezeichnen seine Lage wieder genauer, vorne rechts hoch (also in einer bestimmten Schräge), rück-links tief usw." (Laban, 1926, S. 75) Eine solche Richtungsübung kann etwa so ablaufen, dass man, auf dem rechten Bein stehend, das linke nach rückwärts gestreckt, die ganze rechte Seite des Körpers in den Hauptrichtungen schwingen lässt: hoch, tief-rechts, links, rechts, links-zurück, rechts-vor. Das fortwährende pendelnde

Abb. 36 Choreographie nach Rudolf von Laban, 1926

Schwingen in diese Richtungen werde den Körper langsam zu genauerem Raumgefühl erziehen. Auf diese Weise könne das Bewusstsein für die verschiedenen Raumrichtungen entstehen. Entscheidend aber ist für Laban der Zusammenhang zwischen Bewegung und Raum: „Es ist also eine formgestaltende Kraft, die in den Kristallisationen liegt. Kristalle bauen sich deutlich nach bestimmten Raumrichtungen auf." (Laban, 1926, S. 76) Im Tanz, wie Laban ihn verstand, sollte die Bewegung nach den „Gesetzen des Raumes" geformt sein. Bewegung sollte überhaupt als Körperraumbewegung wahrgenommen und gestaltet werden. Nur so konnte nach der Interpretation von Fritz Böhme der Tanz zum Kunstwerk werden, „denn offenbar geschah dieses Bewegen in einem Medium, das nicht dieser Körper, wenn auch aufs engste mit ihm verbunden, war. Das Körperliche konnte also als solches nur ein Teil dieses Kunstwerkes sein. Der andere Teil aber musste der Raum sein; denn offenbar bedeutete überhaupt erst Körper *und* Raum Bewegungsmöglichkeit." (Böhme, 1926, S. 31)

Wir waren von der Frage ausgegangen, worin sich das rhythmische Bewegungsprinzip vermitteln könne. Verschiedene Repräsentanten der neuen Bewegungskultur nannten dafür mit unterschiedlicher Akzentuierung das Medium der Luft, der Schwerkraft, des Schalles, des Raumes. Das bedeutet, dass das rhythmische Bewegungsprinzip grundsätzlich an die Wahrnehmung dieser Umweltmedien gebunden ist. Für das Höchstleistungsprinzip dagegen spielen sie keine Rolle, weil die Voraussetzungen für seine Realisierung künstlich hergestellt sind (Siegesprämien für Meisterschaft und Weltrekord, in bestimmter Form zubereitete Geländeflächen und Geräte). In der neuen Bewegungskultur realisiert sich somit eine völlig neue Selbst- und Umweltwahrnehmung. Das Verhältnis von Innen und Außen ist gegenüber der Bewegungskultur des Sports umgewälzt: dort Bewegung als autonomer Willensakt, hier Teilnahme an der Bewegung des Ganzen. Am Beispiel des Schwimmenlernens wiederum kann der Unterschied deutlich werden: Man kann mit der Einübung einer körperlichen Bewegungstechnik beginnen oder aber mit der Wahrnehmung, „Anfreundung" und Anpassung an das Medium Wasser. Die erste Methode ist typisch für ein dualistisches Mensch-Umwelt-Verhältnis, wo die beiden fremd und antagonistisch aufeinandertreffen. Hinter der zweiten Vorgehensweise steht ein monistisches Umweltverhältnis, in dem sich die körperlichen Bewegungsformen daran orientieren, dass die Wirklichkeit der natürlichen Lebensvorgänge des Körpers und die Wirklichkeit der außermenschlichen Natur eine einheitliche ist. In der neuen Bewegungskultur wurde das Ganze der außermenschlichen Welt, das höchste Bedeutung bekam, vielfach mit dem Begriff „Kosmos" benannt. Während die außermenschliche Welt dem naturwissenschaftlich-technischen Zeitalter zum bloßen Material des Behandelns und Gestaltens geworden war, ging es der neuen Kultur um Teilnahme an ihr. „Mit der inneren rhythmischen Bewegung, zu der auch der Blutkreislauf und die feinen Vibrationen der Eingeweide gehören, hat der Mensch Anteil an dem großen Rhythmus, der durch den ganzen Kosmos schwingt, ist er also hineingestellt in einen großen schicksalhaften Zusammenhang, in dem sein eigener Teil-Rhythmus seine Persönlichkeit, seine Besonderheit darstellt." (Hilker, 1926c, S. 76)

So konnte von diesem Zusammenhang her sogar der ganze Sinn und Zweck der neuen Bewegungskultur formuliert werden: „Alle Pädagogik gipfelt letzten Endes darin, den Menschen die Gesetzmäßigkeit des Kosmos, von dem er einen Teil darstellt, erfahren und begreifen zu lassen." (Lilienthal, 1926, S. 514) Es handelt sich um eine Bewegungskultur, die von der Erkenntnis lebt, dass nur die nicht geist- und willensbeherrschte Wirklichkeit den Menschen mit der außermenschlichen Natur verbindet. Deswegen rückten die unwillkürlichen Abläufe am menschlichen Körper ins Zentrum der Aufmerksamkeit. Dass der Körper und nicht der Geist die Brücke zur Außenwelt bildet, wurde hier zum Programm: „Im menschlichen Leibe tritt der Kosmos an die

Oberfläche, der Körper ist Kosmos, geliebter Kosmos... Das Kosmische des Leibes besteht in der rhythmischen Sphäre des körperlichen Lebens." (Böhme, 1926, S. 49) Dieser oft als „irrational" missverstandene Hintergrund der neuen Bewegungskultur ist auf die nüchterne Erkenntnis gegründet, dass durch keinerlei „geistige" Konzeptionen, und seien sie noch so gut gemeint, ein neues Verhältnis des Menschen zum Naturganzen entstehen kann. Solange sich das Denken nicht an der körperlichen Wirklichkeit orientiert, solange seine Kategorien nicht im direkten Bezug zum Körper gebildet sind, bleibt das Herrschaftsverhältnis zur Natur in Kraft. Wo das Denken aber die nicht-geistigen Dimensionen des Körpers ins Zentrum rückt, gelangt es notwendig zu der die eigene Macht beschränkenden Konsequenz, dass nicht in ihm selbst, sondern nur in der realen körperlichen Erfahrung der nicht-geistigen Lebensvorgänge ein nicht unterwerfendes Umweltverhältnis begründet werden kann.

Der Lebens- und Weltgestaltungsanspruch der neuen Bewegungskultur

Der Ausgangspunkt beim Körper bedeutet, wie gezeigt, keinen Rückzug aus der Umwelt, sondern den einzigen Weg herrschaftsfreier Beziehung zu ihr. Deswegen konnte die neue Bewegungskultur keine rein körperliche Angelegenheit sein. Ihr Spezifikum bestand gerade darin, den Körper in seiner konstitutiven Bezogenheit auf Umwelt wahrzunehmen. Dass der Körper selbst ins Zentrum rückte, hatte auch nichts mit „Körperkult und Vergottung des Leibes" zu tun, eine Kritik, die Hilker gegen den Sportbetrieb seiner Zeit vorbrachte. (vgl. Hilker, 1928, S. 124) Denn diese Art von Körperbetätigung werde „als etwas für sich Bestehendes aus praktischen Gründen, rationalistischen Überlegungen oder physiologischen Erwägungen getrieben". Sie richtet sich also auf einen umwelt- und zusammenhanglos aufgefassten Körper. Demgegenüber vertritt die neue Bewegungskultur einen umfassenden Lebens- und Umweltgestaltungsanspruch. (Entgegen anders lautender Behauptung vertritt auch der Sport einen solchen Anspruch. Da dieser in Form der herrschenden Konkurrenz- und Leistungsgesellschaften realisiert ist, braucht er nicht mehr explizit erhoben zu werden.) Nicht zufällig erfuhr die Gymnastik ihren stärksten Auftrieb in den Bestrebungen zur Lebens-, Kleidungs-, Ernährungs- und Siedlungsreform. „Es darf nicht übersehen werden", schrieb Hilker, „dass Gymnastik stets, wo sie in ernsten Formen auftrat, mit einer Umgestaltung der Lebensformen verbunden war. Wenn sie neuerdings diesen Zusammenhang vielfach vermissen lässt, so liegt darin bereits eine gewisse Veräußerlichung ihrer ursprünglichen Absichten. Gymnastische Körpererziehung will den ganzen Menschen erfassen und mehr sein als bloße Technik, die im Körperlichen ansetzt." (Hilker, 1926c, S. 28) Eine Umgestaltung der Lebensformen würde mit einer neuen Erziehung und Bildung beginnen müssen. Die gymnastische Bewegungskultur verstand sich als eine solche allgemeine Bildungsmethode, die auf dem Wege über den Körper die gesamte Persönlichkeit zu entfalten bestrebt ist. Obwohl man sehr viel davon rede, dass Körper, Seele und Geist eine Einheit seien, so kritisierte Hilker, wisse man sehr wenig davon, „inwiefern der Körper als sinnliche Erscheinungsform dieser Einheit nächstliegender und elementarster Angriffspunkt für alle Bildung und Erziehung im Sinne eines Totalgeschehens sein kann und sein muss". (Hilker, 1929, S. 16) Als Ideal einer solchen Bildung wurde vor allem der „voll entfaltete", „lebendige" Mensch angegeben. Jutta Klamt formuliert als Sinn und Ziel ihrer gymnastischen Konzeption, den Körper durch die ihm entsprechende

Schulung, die ihm keine ihm fremden Bewegungsformen aufdrängt und aufsuggeriert, so fein zu stimmen, „dass er zu sich selbst kommt, sich selber gibt und auf diese Art zur selbstständigen und selbstdenkenden Persönlichkeit erzogen wird und sich als solche im Leben und in seiner Kunst auswirkt". (Klamt, 1926, S. 503)

Was mit den Idealen der Selbstfindung, Selbstbestimmung und Selbstverwirklichung hier rein pädagogisch auf das Individuum hin formuliert ist, wurde von anderen Vertretern der Gymnastikbewegung auch gesellschaftspolitisch weitergedacht. Denn was würde ein noch so hohes Bildungsideal nützen, wenn die äußeren Voraussetzungen zu seiner Verwirklichung fehlten. Dass aber das überkommene „humanistische" Bildungsideal sich genau in dieser Situation befinde, war die Kritik vonseiten der Gymnastikbewegung. Gertrud Bäumer wies in ihrer Untersuchung über die soziale Bedeutung der Gymnastik den Humanismus des humanistischen Gymnasium ins Reich der Illusion, da seine Idee der Durchbildung des Menschen als Ganzheit durch die wirtschaftliche Struktur längst unmöglich gemacht sei. Können und Handeln der Menschen würden zerstückelt, weil der „Fachmensch" gebraucht werde. „Gibt es noch die Möglichkeit, irgendwo als ganzer Mensch, als geistig-seelisch-leibliche Einheit zu wirken oder auch nur zu leben?" (Bäumer, 1929, S. 80) Humanismus habe nicht einmal der zivilisatorischen Entwicklung zur Arbeitsteilung und zum Fachmenschentum entgegengewirkt. Diese Bildungsidee sei faktisch so wenig lebendig und mächtig gewesen, dass sie auch nur Zweifel und Bedenken gegen den großen Gang der Mechanisierung der Arbeit nicht zu wecken vermochte, durch den Millionen der Verkümmerung ihres Menschentums preisgegeben seien. Da der tradierte abstrakte Humanismus also stumpf und wirkungslos geworden sei, bedürfe es einer neuen Form von „Humanismus", dessen Ziel der reale, „voll entfaltete Mensch" sei. Seine Aufgabe, den Menschen sich wieder als Einheit erleben zu lassen, nehme er nicht von einer Idee, sondern von der Körperbildung her in Angriff. Unter den vielen Versuchen, die unternommen würden gegen die gesellschaftlich-wirtschaftliche Zerstörung der Ganzheit des Menschen, sei die Gymnastik vielleicht der „gestaltungskräftigste Beitrag". Als gesellschaftlich-politische Kraft steht sie allerdings vor einem Berg von harten Tatsachen. Gertrud Bäumer beschreibt sie so: „Der weitaus größte Teil unseres Volkes ist an eine Arbeits- und Lebensform gebunden, in der die Fülle seines Menschentums sich nicht auswirken kann. In höherem Maße als unter den Lebensordnungen irgendeiner geschichtlichen Zeit ist der Mensch von außen her zum Werkzeug einer Teilfunktion des gesellschaftlich-wirtschaftlichen Mechanismus bestimmt... Immer nimmt diese Arbeit nur einen Teil der körperlichen und seelischen Kräfte in Anspruch, diese aber sehr intensiv, andauernd und zwingend." (Bäumer, 1929, S. 81)

Mit ihrem auch politischen Anspruch der Lebens- und Gesellschaftsgestaltung wurde die neue Bewegungskultur ein wesentlicher Faktor der Gegenbewegung zur technisch-industriellen Zivilisation. Rudolf von Laban nannte es eine merkwürdige Erscheinung, dass der gymnastisch orientierte Mensch eine ganz andere Einstellung zum Leben und allen Lebenserscheinungen habe als der Mensch, der gegen die Körperlichkeit Gleichgültigkeit empfinde. (Laban, 1926, S. 30) Nach Gertrud Bäumer ging es letzten Endes um nicht weniger als den Versuch einer Überwindung des technisch-industriellen Zeitalters und dessen großer lebenszerstörender Trennung zwischen Körper und Geist. (Bäumer, 1929, S. 82)

Vortäuschung medialer Erfahrung

In der alten Bewegungskultur ist der Wunsch dominant, möglichst alle Bewegungen nach eigenem Willen herbeiführen zu können, „Herr seiner selbst zu sein". Die neue Bewegungskultur erfährt die größere Lust und Befriedigung darin, in Bewegung versetzt zu werden, das Wirken der Schwerkraft zu empfinden, die Luft zu spüren, in Schwingung zu kommen, den Raum zu erfahren. In diesen Medien der Umwelt wird die eigene Teilhabe am größeren Ganzen erfahrbar. Im Ergriffen- und Bewegtwerden durch äußere Kräfte versichert sich das Individuum seiner Verbundenheit mit dem Ganzen der Natur und der Welt. Diese Art der Erfahrung und Umweltwahrnehmung kann deswegen eine „mediale" genannt werden. (Vgl. Bischlager, 1984, S. 155–257) Auch die gesellschaftliche Anerkennung und Prämierung einer sportlichen Bewegung ist eine von außen kommende Kraft. Sie allerdings kann nur zum Zuge kommen, wenn der Wille des Individuums mitspielt und ihre Ansprüche in Befehle an den Körper umsetzt. Schwerkraft, Luft, Schall, Raum sind dagegen Kräfte, die überhaupt nur wirksam werden, wenn der Wille ausgeschaltet bleibt. Das neue Bedürfnis nach Bewegtwerden fand sich allerdings inmitten einer höchst aktivistischen Industriegesellschaft vor. Es verstand sich im diametralen Gegensatz zu der aus zahllosen Willensakten hervorgegangenen, vom Menschen künstlich hergestellten Welt der technischen Zivilisation. Es definierte sich geradezu aus seiner Bezogenheit auf die natürlichen Umweltmedien. Deshalb gab es für dieses neue Bedürfnis, das sich allenthalben bemerkbar machte, zwei Möglichkeiten der Realisierung: Entweder konnte es sich in den Naturnischen der Industriegesellschaft ansiedeln oder darangehen, die Industriegesellschaft so umzubauen, dass die entsprechenden Erfahrungen einmal möglich werden würden. Es wurden beide Wege beschritten. Die Form einer Nischenexistenz stand allerdings im Widerspruch zum umfassenden Lebens- und Weltgestaltungsanspruch der neuen Bewegungskultur. Die auf bildungs- und gesellschaftspolitische Veränderung gerichteten Konzeptionen der Körperkultur standen zwar im Einklang mit ihm, konnten aber reale Erfahrungen in ihrem Sinne ebenfalls nur nischenhaft machen.

Obwohl es für die neue Bewegungskultur in ihrer genuinen Form keine dritte Möglichkeit geben konnte, wurde dennoch eine geschaffen, und zwar von der herrschenden technisch-industriellen Welt selbst. War die neue Bewegungskultur als Teil einer neuen Gesamtauffassung von Leben und Welt erst einmal zu einem politischen Faktor geworden, musste die ungebremste Fortsetzung der Technisierung der Welt in Gefahr geraten. Dem würde nur begegnet werden können, wenn es gelänge, aus dem Schoß der technisierten Welt selbst heraus eine technische Möglichkeit zu schaffen, die, wenn auch scheinhaft, dieses neue Bedürfnis befriedigen könnte. Setzt man diese Problemsituation für das ausgehende 19. Jahrhundert voraus, erweist sich die dann erfolgte Motorisierung der Welt als Resultat einer zwingenden Logik. Denn welche technische Vorrichtung konnte die Industriekultur des späten 19. Jahrhunderts entwickeln, die geeignet war, der Bedürfnisstruktur der neuen Bewegungskultur zu entsprechen? Mit körpergeschichtlicher Logik lässt sich ableiten, dass es zwar für die gymnastischen und tänzerischen Bewegungsabläufe selbst keine technische Lösung geben konnte, wohl aber für die *Fort*bewegung des Körpers. Das „In-Bewegung-versetzt-werden-Wollen" würde in Formen technisch realisierter Fortbewegung seine Befriedigung finden. Diese Logik gilt aber nicht nur für die Erfinder und Produzenten des Automobils, sondern ebenso für die Konsumenten beziehungsweise für den die Verhältnisse eher erleidenden Teil der Gesellschaft. Die schwierige bis unmögliche Befriedigung des neu erfahrenen Bedürfnisses musste zu allem greifen lassen, was auch nur eine Ahnung solcher Erfahrung zu vermitteln versprach. So konnte es zu der paradoxen Situation kommen, dass ein die technisierte Welt negierendes Bedürfnis wiederum technisch realisierte Befriedigung erfuhr.

Wie konnte es zu dieser Ineinssetzung des Unvereinbaren kommen? Der Vorgang lässt sich sehr deutlich am Denken von Ludwig Klages darstellen, der mit seinen Untersuchungen zum Wesen des Rhythmus eine bedeutsame Formulierungshilfe für die neue Bewegungskultur leistete, gleichwohl aber in den Fehler verfiel, das maschinelle Fortbewegtwerden dem Rhythmus zuzuordnen. Im Zusammenhang der Unterscheidung zwischen Takt und Rhythmus stellt er folgenden Gedankengang an: „Wer aber hätte es nicht oftmals im Eisenbahnzuge erfahren, dass er beim absichtslosen Horchen auf den sogar maschinenmäßigen Takt der Räder nicht aus Müdigkeit, sondern als von ihm angelockt in entspannendes Träumen geriet und schließlich in Schlummer sank! Der Sachverhalt besteht, aber die Deutung greift fehl. Nicht der Rädertakt aus eigener Vollmacht löst, sondern das ihm untrennbar verknüpfte Bewegtheitserlebnis, und zwar ganz besonders in Rücksicht auf seinen Charakter des *Fort*bewegtwerdens." (Klages, 1923, S. 109f.) Diese Erfahrung in der Eisenbahn scheint zunächst dem von Klages beschriebenen Wesen des Rhythmus zu widersprechen. Denn der maschinenmäßige Takt der Räder – hervorgerufen durch die damals nicht verschweißten Fugen zwischen den Schienen – scheint eine Erfahrung von Rhythmus hervorzurufen. Klages erklärt diese Deutung jedoch für falsch, weil es nicht der maschinelle Rädertakt sei, der die Erfahrung von Rhythmus auslöse, sondern das Erleben des

Fortbewegtwerdens. Er diskutiert die Behauptung noch an einer Reihe anderer Beispiele. Wenn während eines Aufenthalts des Zuges zufällig die regelmäßigen Dampfkolbenstöße aus einer nahen Fabrik zu hören seien, so führe dies eben keineswegs zur Erfahrung eines Rhythmus. So könne man daraus schließen, dass eine solche nur durch das unmittelbare Erlebnis des Fortbewegtwerdens möglich werde und das Räderrattern die Fortbewegung nur stärker wahrnehmbar mache beziehungsweise zum Zeichen für die Fortbewegung werde.

Warum die Erfahrung von Rhythmus auf dem Erlebnis des Fortbewegtwerdens beruhe, versucht Klages in seinem Zusammenhang von Takt und Rhythmus nicht weiter zu erklären. Der Denkweg, der ihn zu dieser Annahme führte, ist allerdings unschwer zu erkennen. Zwei Teilaspekte des von Klages und Bode beschriebenen Rhythmus treffen nämlich auch auf das Fortbewegtwerden zu: 1. Rhythmus und Fortbewegtwerden sind beide etwas Kontinuierliches. 2. Erfahren von Rhythmus und Erleben von Fortbewegtwerden haben gemeinsam, dass sie von Kräften außerhalb des Individuums ausgelöst werden. Wenn das Automobil also die Erfahrung von Rhythmus zu vermitteln vermag, so geschieht es über diese beiden Teilmomente des Rhythmus. Dass es sich dabei um eine bloße Täuschung und Vorspiegelung falscher Tatsachen handelt, macht ein Vergleich mit dem beschriebenen Phänomen des Rhythmus ohne weiteres klar. Während dieser den Körper selbst in Bewegung versetzt, stellt das Automobil (und die Eisenbahn) ihn ruhig. Es versetzt ihn lediglich in passive Fortbewegung und nimmt ihn wie ein Stück Frachtgut mit. Die oft an der neuen Bewegungskultur geübte Kritik, dass der erstrebte Rhythmus der Bewegung passiver Natur sei und in einem Sich-Überlassen an unbeherrschte Gewalten bestehe, gilt in Wirklichkeit für das Automobil. (Hilker, 1926c, S. 74)

Frühe Erlebnisberichte vom Autofahren bestätigen jedoch, dass mit dem passiven Fortbewegtwerden Lustgefühle verbunden waren und dass mit ihm tatsächlich das rhythmische Erfahrungsbedürfnis der neuen Bewegungskultur ansprechbar war. „Die Lust am Automobilfahren" führte ein Autor im Jahr 1903 auf die Mühelosigkeit der Fortbewegung zurück. Man möge sich an die Kinderjahre erinnern, wo das Fahren in der Kutsche an sich Lust bereitete und nicht so sehr die Aussicht auf den Napfkuchen am Ende der Fahrt. Die rollende mühelose Fortbewegung sei es gewesen, die Freude bereitet habe. Mit dem Erwachsenwerden sei diese Lust verloren gegangen, allerdings nicht ganz. Sie könne wieder geweckt werden, wenn nur die unangenehmen Begleiterscheinungen des Fortbewegtwerdens wie das Rütteln und Schütteln des Wagens oder die Unfreiheit der Eisenbahnfahrt beseitigt würden. Und genau dies tue das Automobil. „Schon die sanfte rasche Bewegung im Automobil ist eine angenehme Empfindung. Man gleitet leicht über den Erdboden dahin, wie im Kahn über die Wasserfläche, aber die viel größere Geschwindigkeit des Kraftwagens lässt den Geist nicht so leicht müde werden, wie die Wasserfahrt, die auf die Dauer einschläfernd wirkt." (Automobil-Welt, 1903, S. 736) Der Autor ist zwar der Meinung, dass der größte Lustgewinn dem Lenken des Wagens entspringt. Aber schon im nächsten Gedankenschritt kommt er zum Schluss, dass das Lenken nur deshalb lustvoll sei, weil der Kraftfahrer dabei „mühelos", ohne nennenswerten körperlichen Kraftaufwand die ganze Fortbewegung hervorbringt. Der Lustgewinn geht somit auf die Entkopplung der erzeugten Geschwindigkeit vom körperlichen Energieaufwand und damit auf die Erfahrung der externen Kraft zurück, die die Fortbewegung besorgt. Je mehr also die Beziehung zwischen körperlichem Einsatz und Fortbewegung (wie z. B. beim Radfahren) außer

Kraft gesetzt wird, umso mehr baut sich die fortbewegende Maschine als externe Macht auf. Dies ist umso stärker der Fall, je höher die Geschwindigkeit wird.

Es wurden dem Autofahren zuweilen noch weitere rhythmische Qualitäten zugeschrieben. In Heft 10 ihres 1. Jahrgangs 1903 ging die Zeitschrift „Automobil-Welt" den „Wirkungen des Auto-Sports auf den Körper" nach. Erzählt wird die Geschichte von einem Landarzt, wie er die ersten Erfahrungen mit seinem Auto macht, um dann sogleich einen älteren Patienten von seiner Automobilfeindschaft zu bekehren. Als wichtige Erfahrung wird geschildert, dass dem unbeholfenen zweibeinigen Menschen die Schnelligkeit des Vogels gegeben werde, ohne dass er ein Glied zu rühren brauche. Auffallender aber ist hier der Versuch, dem Auto auch Wirkungen zuzuschreiben, die den Körper selbst aktivieren. „Und die leichten elastischen Vibrationen im gleichen Rhythmus sind keineswegs lästig. Im Gegenteil, man möchte sie nicht missen, genau so, wie man in einem gut abgefederten D-Zug-Wagen das Fahrtempo leicht verspürt, eine immer wiederkehrende Bewegung, die uns belebt und ermuntert." (Automobil-Welt, 1903, S. 232) Der Arzt in dieser Geschichte verordnet schließlich seinem Patienten das Autofahren zur Therapie. Mit seinen geschwollenen Beinen und seiner trägen Verdauung sei es für ihn genau das, was er brauche. „Sogenannte passive Bewegung, passiv scheinbar, doch in Wirklichkeit zu starker Aktivität die sämtlichen Organe des Körpers anregend." (Automobil-Welt, 1903, S. 269) Damit rückt das Autofahren scheinbar noch mehr in die Nähe der rhythmischen Erfahrung der Umweltmedien. Die externe Kraft bewegt nicht nur passiv fort, sondern bringt den Körper selbst in Bewegung und Schwingung.

Der Drang, die Medien der Umwelt zu erfahren und im Einklang mit ihnen sich in rhythmische Bewegung versetzen zu lassen, war so groß, dass auch Ersatzbefriedigungen akzeptiert wurden. Da die unmittelbar vorfindbare Welt die technisierte und industrialisierte war, versuchte man vor allem in ihr die Qualitäten der Umweltmedien zu finden. Über die Perversität dieses Versuchs täuschte man sich buchstäblich hinweg. Die Täuschung gelang durch die Verwechslung bzw. Identifizierung von Takt und Rhythmus. Auf dieser Basis vermochte die technisch-industrielle Zivilisation vorzugeben, die rhythmischen Qualitäten der Umweltmedien zu besitzen und so auf breiter Front wieder Zustimmung zu finden. Diese Bewegung realisierte sich nicht nur über das Automobil, sondern tendenziell über den gesamten technisch-industriellen Apparat und die gesellschaftliche Lebensordnung. Der Vorgang spiegelt sich z. B. in den Analysen des Kulturkritikers Fritz Giese. In seinem Buch „Girlkultur. Vergleiche zwischen amerikanischem und europäischem Rhythmus und Lebensgefühl" von 1925 beschreibt Giese die aktuelle Situation mit Hilfe der Ineinssetzung von natürlichem und technischem Rhythmus. Das, was die moderne Industriewelt ausmache, die Fließbandarbeit, die gesamte Entwicklung des Verkehrs und Wirtschaftslebens und letztlich überhaupt das Entstehen der modernen Großstadt, „das alles führt zu einem neuartigen Rhythmusbegriff. Wir stellen dem biologisch-natürlichen den technisch-artifiziellen Rhythmus gegenüber." (Giese, 1925, S. 25)

Man fragt sich sogleich, mit welcher Berechtigung hier das gleiche Wort für zwei grundverschiedene Tatbestände gebraucht wird. Giese selbst legt starke Betonung darauf, dass der neue, der künstlich errichtete, der technisch bedingte Rhythmus ein ganz und gar anderer als der ursprünglichere der Natur sei. Warum also das gleiche Wort? Giese geht der Frage nicht nach, beantwortet sie aber indirekt. Denn was er an der modernen Welt beobachtet, ist vor allem ihr Eigenleben. Industrie, Technik, Wirtschaft, Handel, Verkehr und Großstadt würden zu Giganten, die den Einzelnen und die Menge in ihre Kräfte einspannten. „Die Großstadt hat uns, die Technik hat uns, die Wirtschaft hat uns: nicht wir sie!" (Giese, 1925, S. 27) Zur Begründung macht Giese die folgenden Vorschläge: „Wer es noch nicht weiß, stelle sich an den Verkehrsturm auf dem Potsdamer Platz in Berlin, beobachte die Hochöfen von den Höhen Mülheims an der Ruhr oder fahre mit dem Abendschnellzug von Dortmund bis Düsseldorf. Oder gehe an die St.-Pauli-Brücken, nehme die Pinasse und umfahre die Werftdockgegend Hamburgs. Vergegenwärtige sich, dass täglich vierzigtausend Autos die 5. Avenue entlangrasen. Beachte den Leipziger Hauptbahnhof vom Flugzeug her: bloß mit den Augen, es wird genügen. Stelle sich abends auf eine Station der Central Line oder Metropolitain Londons; warte, bis die Gatter zufliegen, stoppe die Züge und die Zeit des Einsteigens; überschaue den Menschenstrom, der hinter dem Gatter wartend heranflutet, bis es sich zum nächsten Zug öffnet und der Bahnsteig im Handumdrehen schwarz wimmelt. Stelle sich ein amerikanisches Baseballspiel vor mit hunderttausend Zuschauern, von oben gesehen ein Kohlfeld beweglicher Punkte. Gehe nach Nauen und höre, was Pittsburg gerade singt. Wandere friedlich im Burschenstil von Stuttgart nach Zürich über die Berge, in die freie Schweiz, wohin es gefällt. Nehme aber rückwärts das Flugzeug, um nach neunzig Minuten in Stuttgart zu frühstücken, mittags in Leipzig zu essen, in Berlin Kaffee zu trinken und abends in Kopenhagen ins Theater zu gehen (beiläufig): vielleicht begreift dann der eine oder andere, was eigentlich geschehen ist." (Giese, 1925, S. 26f.) Eindruck machen auf Giese die Rekorde und das Gigantische. Von „Rhythmik" aber spricht er, um das passive

Beherrscht- und Bewegtwerden des Menschen durch die gigantische Maschinerie zum Ausdruck zu bringen. Das heißt, dass wie
bei den zuvor zitierten Stimmen auch bei Giese die rhythmische
Erfahrung auf das Wirken außerhalb des Menschen existierender
und ihn in Beschlag nehmender Mächte reduziert wird. Nur so
wird die theoretische und praktische Verwechslung von natürlichem mit technischem Rhythmus möglich.

Gieses Analyse der technisch-industriellen Zivilisation weist
daraufhin, dass mit der Erfahrung des passiven Bewegt- und Er-
griffenwerdens von ihr Qualitäten verbunden sind, welche die
Verwechslung des Autos mit einem Umweltmedium erst erklärbar machen. Die Rede war vom Gigantischen des technisch-
industriellen Apparates, das die Menschen in Beschlag nimmt. Es
wirkt als ein dem Menschen gegenüber Größeres und schließlich
Unvergleichbares. Umfassend, unvergleichbar größer zu sein als
der Mensch, sind aber auch Eigenschaften, die zur Definition der
Umweltmedien gehören. Luft, Erde, Licht, Temperatur, Raum,
Schwerkraft werden dem Menschen erfahrbar als das, was über
alle seine Dimensionen hinausgeht. Sie sind universal präsent
und wirksam. Die Idee und Entwicklung des motorisierten Fortbewegungsmittels lässt sich nun in der Tat als Prozess der Überschreitung der menschlichen Dimensionen und der Universalisierung des Fortbewegtwerdens rekonstruieren. Mit dem Automobil werden somit künstlich Qualitäten der Umweltmedien hergestellt. Dieser Vorgang offenbart sich insbesondere in der Geschichte der Wettbewerbsfahrten, an deren Leitfaden die Form
der automobilen Technik entwickelt wurde. Die Wettbewerbsfahrten teilen sich in Geschwindigkeitsrennen und Zuverlässigkeitsfahrten. Wie oben gezeigt wurde, bildete die im Bereich des
Sports angesiedelte Hochgeschwindigkeit den entscheidenden
Faktor bei der Durchsetzung des Automobils. Erfolgreich war

dabei vor allem das Prinzip der Überschreitung der menschlichen Maße und damit das Angebot von Erfahrungen, die den Geschwindigkeiten des eigenen Körpers oder des Pferdewagens unvergleichbar waren. Mit hoher Geschwindigkeit fortgetragen zu werden, konnte auf diese Weise ähnlich wahrgenommen werden wie die Medien der Natur. Parallel dazu verläuft die Geschichte der Zuverlässigkeitsfahrten. Das Projekt der Fernfahrten zielte zum einen wie die Geschwindigkeitsrennen auf Unvergleichlichkeit mit menschlichen und animalischen Dimensionen. Die erste Tourenfahrt oder „Rallye" dieser Art, die es überhaupt auf der Welt gab, war die Herkomer-Konkurrenz von 1905. Im Jahre 1906 ging sie bereits über eine Strecke von 1646 km und führte von Frankfurt über München nach Wien und von dort über Klagenfurt, Innsbruck nach München zurück. 1908 löste die Prinz-Heinrich-Fahrt die Herkomer-Konkurrenz ab. Die Strecke wurde auf 2201 km verlängert. Die Idee der Fernfahrt war somit eine Demonstration des himmelweiten Abstands zum Pferdewagen. Um das Automobil als eine Macht aufzubauen, die Mensch und Pferd grundsätzlich nicht vergleichbar ist, mussten Streckenlängen gewählt werden, die für das Pferdefuhrwerk prinzipiell unmöglich waren. Von daher erklärt sich aber auch der merkwürdige Vorgang, dass der elektrische Antrieb als die damals ausgereifteste und nächstliegende Technik sich beim Auto nicht durchsetzen konnte und später nicht mehr weiterverfolgt wurde. Ähnlich dem Pferdewagen war das Elektromobil für die Grenzenlosigkeit der zu bewältigenden Strecken schlechthin ungeeignet. Wenn also ein Ding geschaffen werden sollte, das mediale Erfahrung vorzutäuschen in der Lage sein würde, musste es die menschlichen (und animalischen) Grenzen in Geschwindigkeit, Ausdauer, Widerstandsfähigkeit und Reichweite aufheben können. Der Mensch erfährt die Umweltmedien wie Raum und Luft aber nicht nur als ihn übersteigende Größen, er nimmt sie auch als universale Gegebenheiten wahr. Deswegen erstaunt es nicht, dass auch diese Eigenschaft dem Auto ankonstruiert wurde. Wie die Umweltmedien universal präsent und wirksam sind, so universal sollte auch das Automobil in der Fähigkeit des Fortbewegens gemacht werden. Im Jahr 1905 fuhr der Engländer Robert Louis Jefferson als erster mit dem Auto zum Balkan. Damit begann eine lange Reihe von Unternehmungen, die alle beweisen sollten, dass dem Auto für unmöglich gehaltene Strecken möglich sind. Mehrfach waren es große Zeitungen, denen das enorme Interesse der Öffentlichkeit an solchen Fernfahrten aufgefallen war und die deswegen selbst solche ausschrieben. 1907 stellte die Pariser Zeitung „Le Matin" auf dem Titelblatt die Frage: „Ist jemand bereit, in diesem Sommer mit einem Automobil von Peking nach Paris zu fahren?" 25 Teilnehmer meldeten sich, wegen der 2000 Francs Anmeldegebühren blieben jedoch fünf übrig. Obwohl von allen Seiten starke Skepsis gegenüber dieser Unternehmung geäußert wurde und die behördlichen und dip-

Abb. 37 Fernfahrt Peking-Paris, 1907

lomatischen Probleme nicht gering waren – chinesische Behörden vermuteten teilweise Sabotage auf die Eisenbahngesellschaft oder gar die Vorbereitung eines Überfalls auf China –, ließen sich die Beteiligten durch nichts von ihrem Vorhaben abbringen. Am 10. Juni 1907 fuhren die Wagen in Peking los. Paris war 16.000 km entfernt. Zunächst mussten verschiedene Gebirgszüge durchquert werden. Über 1300 km waren nur äußerst miserable Straßen oder auch gar keine Wege vorhanden. Unter den Teilnehmern war der Italiener Prinz Scipione Borghese der finanzkräftigste. Er hatte sich für die Strecke durch China 25 Männer und vier Maultiere beschafft und dafür gesorgt, dass alle 250 km Treibstoff bereitstand. Mit dieser Ausrüstung war es ihm möglich, seinen 45-PS-Itala, der 1370 kg wog, auf engen Bergpässen mit dicken Stricken regelrecht abzuseilen, über Flüsse zu tragen und aus dem Schlamm von Reisfeldern zu ziehen. In Russland fuhr man zum Teil auf den Schienen der transsibirischen

Abb. 38 Auf den Gleisen der Transsibirischen Eisenbahn

Eisenbahn. Am 10. August, nach zwei Monaten Fahrt, traf Borghese als erster in Paris ein. Im Jahr 1908 geht die „New York Times" noch einen Schritt weiter. Sie organisiert eine Fahrt um die ganze Welt. Es ging von New York aus durch den ganzen amerikanischen Kontinent zur Westküste, von dort per Schiff nach Wladiwostock und dann durch Sibirien und weiter bis Paris. Eine breite Palette an Gelände- und Straßenverhältnissen musste das Auto bei dieser Fahrt

151

bewältigen. Bereits in Amerika machten starke Schneefälle zum Teil die Straßen unsichtbar. Der Gouverneur von Wladiwostock hielt die Fahrt überhaupt für unmöglich, weil das Land um diese Jahreszeit durch die Schneeschmelze und den andauernden Regen vollkommen grund- und wegelos geworden sei. Die Teilnehmer der Weltfahrt konnte dies nicht schrecken. Zwar blieben sie mehrfach im Schlamm stecken. Zum Schluss aber hatten sie dann doch bewiesen, dass das Auto selbst unter solchen Verhältnissen nicht kapitulieren muss.

Es erhebt sich die Frage, welche Triebfeder hinter solchen unendlich mühevollen und gefährlichen Spielereien stecken konnte. Bedenkt man die beschriebene Logik der Einführung des automobilen Fortbewegungsgeräts, nämlich dem Auto Eigenschaften der Umweltmedien zu geben, so erweisen sich die globalen Fernfahrten keineswegs als Spielereien. Das öffentliche Interesse an ihnen zeigte, dass damit tatsächlich ein neues Bedürfnis der Menschen getroffen wurde. Die Botschaft, die faszinierend erschien, lautete etwa: Es ist kaum eine Form der Erdoberfläche, kaum eine Situation oder Streckenlänge denkbar, der das Auto als Fortbewegungsmittel nicht gewachsen wäre. Fernfahrten wie die geschilderten fanden in der Folge häufige Nachahmung. Von März bis August 1911 absolvierte zum Beispiel ein Saurer-Lastwagen eine transkontinentale Fahrt von San Francisco nach New York. (Automobilwelt – Flugwelt, 1912, S. 5) Dem Berichterstatter kam es auf eine gewisse Universalität der möglichen Situationen an, welchen der Wagen gewachsen war. Er fuhr durch tiefe Schneewehen und große Schneefelder, 1,5 m tiefes Wasser, über einen „breiartigen" Weg, über die Schienenschwellen der Eisenbahn, er überschritt eine Gebirgskette in 3160 m Höhe, überwand eine Steigung von 34 %, fuhr im Sand und konnte aus 1,5 m tiefem Sumpf immerhin wieder herausgezogen werden.

Die Universalisierung des Fortbewegtwerdens bildete eine entscheidende Komponente in der Durchsetzung des Automobilismus. Gerade die Befähigung des Autos zur Bewältigung von nicht eigens zubereitetem Gelände war und ist eines der umfangreichsten Betätigungsfelder für Fahrwerkskonstrukteure. In neuerer Zeit simulieren die Automobilfirmen die Universalität der Erdoberfläche auf ihren Teststrecken. Mit Wasser- und Sanddurchfahrten, Höcker- und Waschbrettstrecken, Rüttelbahnen, Steilwandpisten und Sprungschanzen soll die universale Fortbewegungsfähigkeit des Autos entwickelt und demonstriert werden.

Zusammenfassend: Warum kann das Auto tatsächlich eine den Umweltmedien ähnliche Eigenschaft und Erfahrung vortäuschen? Wie gelingt es ihm, künstlich Qualitäten der Umweltmedien herzustellen? Voraussetzung ist zum einen, dass es über die menschlichen Dimensionen hinauszugehen vermag. Damit erweckt es den Anschein des unvergleichbar Größeren der Natur. Zum anderen muss es in der Fortbewegung universale Präsenz und Wirksamkeit beweisen, womit es eine Ähnlichkeit mit Raum und Luft und Schwerkraft vortäuschen soll.

FÜNFTES KAPITEL

DIE AUTOMOBILISIERUNG DER LANDSCHAFT

Abb. 39 Kraftfahrbahn und Landschaft, DIE STRASSE, 1936

Illusionen übers Autofahren

Um sich durchzusetzen, hatte das Automobil beweisen müssen, dass es fast allen Formen der Erdoberfläche gewachsen sei. Gleichwohl hatte das neue Fahrzeug ein eigenes Ideal: die glatte, die gerade Bahn. Um die Landschaft für das Durchfahren zuzubereiten, mussten die Unebenheiten der Landschaft beseitigt, Hügel durchstochen und Täler weiträumig überbrückt werden. In der Frühzeit des Automobils gab es zahlreiche Bestrebungen, die Illusion zu verbreiten, dass das neue Fahrzeug in die herkömmliche Art des Reisens integrierbar sei. Zum Teil war es ehrlicher Glaube, dass das Automobil nichts Wesentliches am überkommenen Reiseverhalten ändern würde, nur mit der einen Ausnahme, dass man jetzt viel bequemer der weiten Welt ansichtig werden konnte. Der um die Jahrhundertwende recht bekannte Schriftsteller Otto Julius Bierbaum machte 1902 mit einem ihm zur Verfügung gestellten Adler-Wagen eine „empfindsame" Reise. Wie er eine solche konzipierte, beschrieb er in seinem Bericht so: „Reisen, sage ich, nicht rasen. Denn das soll schließlich, um es kurz zu sagen, der Zweck der Übung sein! Wir wollen mit dem modernsten aller Fahrzeuge auf altmodische Weise reisen, und eben das wird das Neue an unserer Reise sein. Denn bisher hat man das Automobil fast ausschließlich zum Rasen und so gut wie gar nicht zum Reisen benützt... Lerne zu reisen, ohne zu rasen!" (Bierbaum, 1906, S. 245) Zum Teil aber war es pure wirtschaftliche Notwendigkeit für die Automobilindustrie, diese Illusion zu nähren. Denn fast allgemein war die Polemik verbreitet, dass man jetzt nur noch an der Landschaft „vorbeirase". Um dem beizukommen, verbreiteten die Automobilverbände und Fachzeitschriften mit auffallender Häufigkeit Berichte, welche ein ruhiges und gemächliches Reisen wie ehedem mit der Kutsche schilderten. Vertreter der Automobilbranche unternahmen selbst „exemplarische" Reisen, um Beweise zu liefern. Karl Dieterich-Helfenberg schrieb 1906: „Auch unterliegt es keinem Zweifel, dass man bei einer vernünftigen Fahrgeschwindigkeit – und hierfür sprechen die zahlreich aufgenommenen Bilder in meinem Fall – die Gegend mindestens in derselben Weise genießen kann, als wie in der Eisenbahn, im Pferdewagen oder zu Fuß. Das Automobil bietet im Gegenteil durch die gewisse Gleichmäßigkeit der Beförderung, durch die Unabhängigkeit vom Fahrplan und den allmählich ermüdenden Kräften der Pferde Vorteile, wie sie kein anderes Beförderungsmittel zu bieten

Abb. 40 Deutsche Alpenstraße

imstande ist." (Dieterich-Helfenberg, 1906, S. 2) Doch wurden nicht nur solche pragmatische Gründe angeführt, sondern auch Motive einer neuen Naturerfahrung dem Automobil zugeschrieben. Max R. Zechlin beschrieb eine Fahrt folgendermaßen: „Nun geht es dahin in reiner staubfreier Morgenluft. Kühle, wohlriechende Lüfte wehen über die Felder, nehmen hier und da noch einen Hauch stark duftender Wiesenblumen mit und umspielen das Gesicht des Fahrenden. Sie dringen durch die warmen Mäntel hindurch und baden den Körper in dem lebendigen Odem des erfrischenden Morgenwindes. Sie dringen ein in die Lungen, die sich in Kraft und Wohlbehagen dehnen und in beschleunigtem

Tempo dem Blute frischen Sauerstoff zuführen. Immer stärker und stärker wirkt dieses Luftbad, je schneller die Fahrt geht. Und sie geht jetzt schnell." (Zechlin, 1903, S. 231).

Tatsächlich bahnte sich eine neue Beziehung zu Natur und Umwelt an. Schon im späten 19. Jahrhundert regte sich vereinzelt Protest gegen die industrielle Zerstörung von Natur und Landschaft. Er war jedoch weithin noch rückwärtsgewandt, orientierte sich am Landschaftsbild vor dem industriellen Zugriff. Andererseits erwarteten nicht wenige gerade vom technischen Fortschritt die Rettung von Natur und Landschaft. Paul Schultze-Naumburg schrieb 1915: „Die modernen Kunststraßen zeigen nämlich durchweg die Eigenschaft, aus Geraden zusammengesetzt zu sein, die alle durch Kurven mit engem Radius verbunden sind... Das ist ja gerade das Bedauerliche, dass bei all dieser kurzsichtigen Begradigung der Natur keine Verbesserungen geschaffen werden, andererseits besteht der Trost, dass höhere Zweckmäßigkeit nie ein Feind der Schönheit ist, und ein Fortschritt der Technik aus rein sachlichen Erwägungen oft wieder auf die Pfade alter Schönheit zurückführt. Der zunehmende Autoverkehr wird sicher mit der Zeit die Auflösung der in Knicken aneinandergesetzten Geraden in große Kurven erzwingen." (Schultze-Naumburg, 1915, S. 48/50) In den 30er Jahren des 20. Jahrhunderts versprachen sich manche sogar eine Wiederherstellung der kaputten Landschaft durch den Autobahnbau. Alwin Seifert bezog 1936 dazu folgende Stellung: „Die Autobahn, im ersten Gedanken ein Schrecken jedem Naturfreund, hat sich erwiesen als kürzerer Weg zu echter Natur als jede alte Reichs- oder Landstraße, die ja besonders am Rande der Großstädte auf Stundenweite hinaus mit mehr oder minder hässlichem Gebauten aller Art eingerandet ist." (Seifert, 1936, S. 609)

Autobahnpläne vor 1933

Die Autobahnen sind keine Erfindung Adolf Hitlers, sondern eine zwingende Konsequenz des Automobils. Die motorisierte Hochgeschwindigkeits-Fortbewegung verlangte eine eigene „Einrichtung" der Landschaft für diesen Zweck. Idee, Konzept und ausgearbeitete Pläne waren bereits in den 20er Jahren des 20. Jahrhunderts vorhanden. Die politische Durchsetzung gegen alle Widerstände gelang allerdings erst den Nationalsozialisten. Nicht nur zwei Nord-Süd-Linien von den Hansestädten über Frankfurt nach Basel (HAFRABA) und von München über Leipzig nach Berlin (MÜLEIBERL) waren projektiert, sondern bereits auch ein deutsches Autobahnnetz. Das allererste Autobahnprojekt der Welt aber geht auf das Jahr 1909 zurück, wo sich in Berlin die „Automobil-Verkehrs- und Übungsstraße GmbH" (AVUS) konstituierte. Zur Notwendigkeit einer Nur-Autostraße meinte der

Abb. 41 Erste HAFRAB-Skizze, 1926

Rennfahrer Manfred von Brauchitsch 1935 rückblickend: „Die gewöhnlichen Landstraßen mit ihren schlechten Decken ließen keine großen Geschwindigkeiten zu. Sie waren zu gewölbt und schmal, um Überholen und Vorbeifahren in voller Fahrt zu gestatten, und an jeder Wegkreuzung drohten schreckliche Gefahren. Und war ein Automobilist wirklich verwegen genug, all dem zu trotzen und die Kräfte des Motors voll auszunützen, da zeterten die Fußgänger, Radfahrer, Kutscher, Fuhrherren und die – Chausseeverwaltungen!" (Kaftan, 1955, S. 26) Aber auch die Autobahnen waren nicht allseits willkommen. Robert Otzen, von 1926 bis 1931 Erster Vorsitzender der HAFRABA, sagte 1926: „Ich bin schwer belastet und angegriffen als ein Rufer im Streit für die freie Bahn, die man diesem Tüchtigen schaffen soll... Hart prallen auch hier die Meinungen aufeinander. Auf der einen Seite die Anhänger neu zu bauender kreuzungsfreier Autobahnen – auf der anderen Seite die Verfechter der alten Staatsstraßen und der anderen Anpassung an den wachsenden Autoverkehr... Der Kassandra-Ruf: ‚Wir brauchen gute Landstraßen, keine Spezialstraßen!' ist verkehrt." (Kaftan, 1955, S. 15) Das Autobahnkonzept stand also schon früh fest, lediglich verzögerten Widerstände seine Realisierung: „Die Zeit ist noch nicht gekommen, um von ganz hoher Warte aus das Studium eines reinen Autobahnnetzes in Angriff zu nehmen. Zunächst müssen besonders prominente Linien als Beispiele für sich bearbeitet werden. Hamburg – Basel, Berlin – München, Köln – Düsseldorf stehen zur Zeit im Brennpunkt des Interesses." (Kaftan, 1955, S. 166)

Mitgliedsbuch des
HAFRABA-Vereins,
1929

Abb. 42

Die neue Naturerfahrung

Ein neues Verhältnis zu Natur und Landschaft kündigte sich seit
der Jahrhundertwende auf vielen Ebenen an. Künstler bewegte
die Suche nach einer neuen Einheit von Mensch und Natur, Ar-
chitekten suchten nach Möglichkeiten, in Harmonie mit der Na-

tur zu bauen. Der Anstoß dazu kam vielfach vom Erschrecken über die bereits weit fortgeschrittene Zerstörung der natürlichen Umwelt. Zur treibenden Kraft aber wurde die grundlegend neue Wahrnehmung von Pflanzen und Tieren, Erde und Landschaft. Die davon erfassten Menschen begannen ihr Selbstbewusstsein umzubauen, weg vom Bild des absolutistischen Herrschers über die Natur, hin zur Erfahrung des Integriertseins in sie. Die neue Naturerfahrung vermochte sich in der bildenden Kunst mit am deutlichsten zu äußern. Dort ist die Macht des Faktischen gerin-

ger als in Politik und Wirtschaft. Die Künstlergruppe „Brücke" machte das Verhältnis des modernen Menschen zu Natur und Landschaft zu einem ihrer wichtigsten Themen. Nicht die Manipulierbarkeit der Natur, sondern ihr Geheimnischarakter war für Ernst Ludwig Kirchner die eigentliche Frage. „Das große Geheimnis, das hinter allen Vorgängen und Dingen der Umwelt steht, wird

Abb. 43 Otto Mueller, Im Gras sitzendes Mädchen, 1923/25

manchmal schemenhaft sichtbar oder fühlbar, wenn wir mit einem Menschen reden, in einer Landschaft stehen, oder wenn Blumen oder Gegenstände plötzlich zu uns sprechen. Wir können es nie gestaltlich aussprechen, wir können es nur in Formen oder Worten symbolisch geben." (Kirchner, 1980, S. 76) Aus einer ähnlichen Wahrnehmung heraus begründete sich auch die entstehende Naturschutzbewegung. „Die ganze Natur ist voll ungelöster Rätsel. Wir sind aus der Natur herausgestiegen, sind aus ihrem Stoff gemacht und sinken in die Erde zurück. Ein großes Geheimnis steht dahinter. Alles Lebende wird zu einem großen Leib, an dem wir bloß ein Glied sind. Eine tiefe Ehrfurcht erfüllt uns, und aus ihr fließt die Gesinnung, auf der der wahre Naturschutz ruht." (Schwenkel, 1927, S. 107) Der nackte Mensch in der freien Natur wurde für die „Brücke"-Maler zum Bild der Einheit des Natürlichen, zu dem auch der Mensch gehört. In ihrer ockergelben Farbe bilden die Körper mit der Farbe des Erdbodens eine Einheit. Oder ihre Körper färben sich grün in der Einheit mit Wiesen und Wald. Dieses anvisierte neue Verhältnis zur Natur steht im diametralen Gegensatz zur automobilen „Naturerfahrung", welche ein ca. 1000 kg schweres technisches Gerät benötigt, ausgestattet mit einem Verbrennungsmotor, Schutzbrille und -kleidung, später eine wohnraumähnliche, geschlossene Hülle. Solche Entfremdung und solches Abgetrenntsein von der Natur stellte Kirchner in seinen Szenen der Großstadtstraßen dar. Die neue Naturerfahrung, zuerst von Künstlern wahrgenommen und zum Ausdruck gebracht, begann sich in kleinen Anfängen auch politisch zu äußern. Auf Betreiben von Ernst Rudorff wurde 1904 der „Deutsche Bund Heimatschutz" ins Leben gerufen. Auf administrativer Ebene kam es 1906 zur Gründung der „Staatlichen Stelle für Naturdenkmalpflege in Preußen", die jedoch keinen wirklichen Naturschutz betrieb.

Abb. 44 Automobilsport

1909 wurde in München der Verein „Naturschutzpark" gegründet, der sich die Schaffung eines größeren alpinen Naturschutzgebietes zum Ziel setzte. 1913 zählte er mehr als 15.000 Mitglieder. Die Zivilisation hatte, wie es die Naturschutzbewegung wahrnahm, einen kritischen Punkt erreicht. Man begann die Verursacher beim Namen zu nennen. „Aber die so vielfach wahrnehmbare rücksichtslose Ausnützung der Naturschätze, die oft ganz pietätlose Zerstörung herrlicher Schöpfungen aus bloßer Gewinnsucht und zur Befriedigung des Spekulationsgeistes Einzelner, wie sie namentlich bei Schaffung industrieller Unternehmungen hie und da geübt wird, kann man nicht als Ausfluss einer höheren Kulturstufe der Menschheit gelten lassen, denn es müsste doch eigentlich mit dieser höheren Kultur auch Achtung und Schonung der herrlichen Gottesschöpfung ‚Natur' verbunden sein." (Guttenberg, 1913, S. 55) Auch der Automobilismus war ein Produkt dieser Zivilisation. Bezüglich seiner Auswirkungen bestand für Ludwig Klages schon 1913 kein Zweifel: „Was aber das heuchlerische Naturgefühl der sogenannten Touristik anlangt, so brauchen wir wohl kaum noch auf die Verwüstungen hinzuweisen, welche die ‚Erschließung‘ weltfremder Küsten und Gebirgstäler nach sich zog." (Klages, 1956, S. 11) Mit dem „Erschließen" bislang noch wenig berührter Regionen würde der Natur, so war es absehbar, der Todesstoß versetzt werden. Der damalige Leiter der Staatlichen Stelle für Naturschutz beim Württembergischen Landesamt für Denkmalpflege in Stuttgart, Hans Schwenkel, schrieb 1927: „Die Erde, die Pflanzen und die Tiere haben ihren Selbstzweck, sie sind nicht um des Menschen willen da, der Mensch ist nur ein Teil des Ganzen und vielleicht nicht einmal ‚die Krone der Schöpfung‘. Kein Mensch hat ein Recht, eine Pflanze oder ein Tier auszurotten. Die Geschöpfe der Natur sind heilig und wichtiger als die Werke der Menschen." (Schwenkel, 1927, S. 9f.)

Motorisiertes „Naturerleben"

Welche Möglichkeiten konnte es geben, solche Widerstände gegen die Technisierung und Automobilisierung der Landschaft zu brechen? Die einfachste und unverfrorenste fanden die Nationalsozialisten: Wenn Sehnsucht nach einem neuen Naturerleben den Widerstand nährte, dann musste man eben „beweisen", dass vor allem das Auto diese Sehnsucht zu stillen vermöchte. Denn mit den Autobahnen sei ein neues Fahren möglich geworden. In der vom Generalinspektor für das deutsche Straßenwesen herausgegebenen Zeitschrift „Die Straße" wurde ausgiebig ein neues „Naturerleben" propagiert. „Mit dieser neuen Art des Fahrens hat sich auch das Fahrerlebnis geändert. Man erlebt

größere landschaftliche Zusammenhänge. Zwar führt die Kraftfahrbahn von heute durch das gleiche Land wie die Straße von
einst, aber sie sucht sich andere Wege. Sie meidet gewundene
Täler und andere Engen und sucht jene Bereiche auf, in denen
die Landschaft selbst größere Züge aufweist. War einst der
Rhythmus der langsameren Reise ausschlaggebend bestimmt
durch die Folge der engeren Räume und kürzeren Blickziele, die

durch kurvenreiche Linienführung, Alleepflanzung
und Bebauung vielfach ge-
geben waren, so ist heute
der Rhythmus der raschen
Fahrt gegeben durch den
Wechsel von Berg und Tal,
von Wald und freier Flä-
che." (Lorenz, 1936, S. 134)
Ein nicht gekanntes Lustge-
fühl würde sich auf der
Autobahn einstellen. Heinrich Hauser gab 1936 die
folgende Beschreibung:
„Für den nicht verwöhnten
Fahrer ist die Autobahn ein
eigentümliches, beinahe
könnte man sagen, ein un-

Abb. 45 Fahrerlebnis und Reise

heimliches Erlebnis... Nach wenigen Minuten befällt uns ein un-
glaublich beglückendes Gefühl von Sicherheit, von einem schwe-
relosen Schweben, ganz ähnlich wie beim Fliegen, und wir können als Fahrer die Augen über die Landschaft gleiten lassen,
Schönheit aufnehmen und genießen wie nie zuvor." (Hauser,
1936, S. 455)

Die Botschaft war klar: Wonach der moderne Mensch so sehr hungerte und was er doch nicht fand – auf der schnellen Autobahn würde er es bekommen. „Kurzum: die schnellen Autobahnen bringen uns, so seltsam das zunächst klingt, ein besinnlicheres Fahrterlebnis, sie helfen uns, eine Lebenskunst zu entwickeln, die bisher nur wenige Kraftfahrer wirklich beherrscht haben, die Kunst des Autowanderns: eine glückliche Zeitlosigkeit und ein glückliches Sich-leiten-Lassen von der Landschaft, von der Sonne, von der Natur." (Hauser, 1936, S. 455) Im Dritten Reich propagiert, wurde das motorisierte „Naturerleben" nach 1945 stillschweigend zur Regel. Erst in den 70er Jahren des 20. Jahrhunderts begann eine Rückbesinnung auf die Möglichkeiten von Naturerfahrung ohne Motor.

Abb. 46 Autowanderinnen an einem Rastplatz an der Reichsautobahn, 1939

Einrichtung der Landschaft für Hochgeschwindigkeit

Die Nationalsozialisten wurden die konsequenten Vollstrecker der Auto-Logik. Das Hochgeschwindigkeitsfahrzeug war geschaffen, also musste für es die Landschaft mit Autobahnen „erschlossen" werden. „Die vergrößerte Fahrgeschwindigkeit hat den Rahmen der Straße alten Stils gesprengt. Die Linienführung wird

Abb. 47 Adolf Hitler im Mercedes

zügiger und die Sicht weiter. Die Landstraße scheidet mehr und mehr den Fußweg und den Radweg ab, sie trennt sich an den Siedlungen vom Binnenortsverkehr und ersteht neu als Kraftwagenstraße. Niveaufreie Kreuzung aller Verkehrswege und straffste Linienführung bringen schließlich die reine Kraftfahrbahn, die in der Doppelbahn mit Richtungsverkehr ihre Vollendung findet." (Lorenz, 1936, S. 134) *Verbal* sollte alles nur zur Erhaltung oder gar Rettung der deutschen Kulturlandschaft geschehen. *Real* begannen die massivsten Eingriffe, die es je gegeben hat. Was mit großer Emphase als „harmonische Eingliederung in die Landschaft" gefeiert wurde, entpuppte sich als Einrichtung der Landschaft für den Hochgeschwindigkeitsfahrer. „Die gleichförmigen Waldränder sind in der Art aufzulockern, dass möglichst abwechslungsreiche, kleinere und größere Freiflächen in solchen Abständen eingebaut werden, dass der Fahrer dieselben auch in rascher Fahrt sieht und genießen kann." (Siegloch, 1936, S. 131) Das Projekt der „mit der Landschaft schwingenden Straße" ist in Wirklichkeit allein auf seine Bedürfnisse zugeschnitten. „Während das Kraftfahrzeug uns früher eigentlich von der Natur entfernte, bringt es uns heute der Erde wieder näher... Es gibt keine Landschaft Deutschlands, und sei sie an den Grenzen des Reichs, wie Masuren, die Grafschaft Glatz oder das Bodenseegebiet, die nicht in einem Tage ohne Hetze zu erreichen wäre." (Hauser, 1936, S. 455)

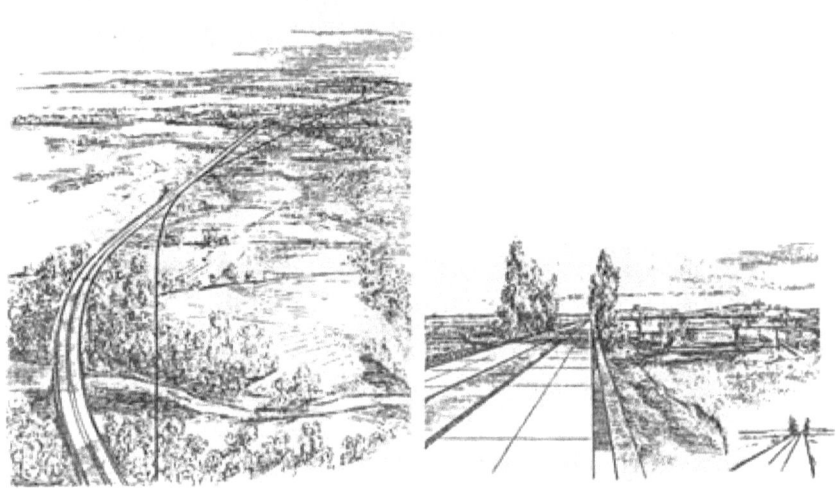

Abb. 48 „Mit der Landschaft schwingende Straße"

LITERATURVERZEICHNIS

AUTOMOBIL-WELT. Illustrierte Zeitschrift für die Gesamtinteressen des Automobilwesens, ab 1903

BACH, Rudolf, Das Mary Wigman-Werk, Dresden 1933

BÄUMER, Gertrud, Die soziale Bedeutung der Gymnastik, in: Gymnastik, 4, 1929, S. 79–84

BAEUMLER, Alfred, Männerbund und Wissenschaft, Berlin 1934

BAUDRY de Saunier, Grundbegriffe des Automobilismus, Wien, Pest, Leipzig 1902

BERNARD, Michel, Der menschliche Körper und seine gesellschaftliche Bedeutung. Phänomen, Phantasma, Mythos, Bad Homburg 1980

BIERBAUM, Otto Julius, Eine empfindsame Reise im Automobil von Berlin nach Sorrent und zurück an den Rhein, in: ders., Reisegeschichten, München 1906, S. 234 ff.

BISCHLAGER, Hans, Natürliche Konstruktionen und Wahrnehmungswandel im 20. Jahrhundert, in: arcus. Zeitschrift für Architektur und Naturwissenschaft, 1983, S. 290–296

BISCHLAGER, Hans, Umweltwahrnehmung und Körpererfahrung. Über Anfang und Ende der Neuzeit, Frankfurt/M., Bern, New York 1984

BISCHLAGER, Hans, Das Auge des Körpers, in: Der Alltag. Sensationsblatt des Gewöhnlichen, Nr. 4/5, 1985, S. 128–139

BODE, Rudolf, Ausdrucksgymnastik, München 1922

BODE, Rudolf, Der Rhythmus und seine Bedeutung für die Erziehung, Jena 1920

BÖHME, Fritz, Tanzkunst, Dessau 1926

BÜCHER, Karl, Arbeit und Rhythmus, Leipzig 1899

DAHL, Jürgen, Der Anfang vom Ende der Autos, Ebenhausen bei München 1972

DIEM, Carl, Vereine und Verbände für Leibesübungen, 1923

DIEM, Carl, Theorie der Gymnastik, Berlin 1930

DIETERICH-HELFENBERG, Karl, Eine Alpenreise im Automobil, in: Zeitschrift des Mitteleuropäischen Motorwagen-Vereins, 5, 1906, Sonder-Heft D

DÖRR, Heinrich, Raumordnung und Raumerleben, in: Raumforschung und Raumordnung, 1, 1937, S. 191–194

DIESEL, Eugen, Wir und das Auto. Denkmal einer Maschine, Leipzig 1933

DOLLINGER, Hans, Die totale Autogesellschaft, München 1972

FISCHER, Hans W., Körperschönheit und Körperkultur. Sport, Gymnastik, Tanz, Berlin 1928

FRECKMANN, Barbara, Wesen und Formen der Gymnastik, in: UEBERHORST, Horst (Hrsg.), Geschichte der Leibesübungen, 3/2, Berlin, München, Frankfurt am Main 1981, S. 1008–1025

GARBRECHT, Dietrich, Gehen. Ein Plädoyer für das Leben in der Stadt, Weinheim und Basel 1981

GARRETT, Richard, Die Auto-Rennsport-Story, Stuttgart 1970

GIESE, Fritz, Girlkultur. Vergleiche zwischen amerikanischem und europäischem Rhythmus und Lebensgefühl, München 1925

GRAESER, Wolfgang, Körpersinn. Gymnastik – Tanz – Sport, München 1927

GÜNTHER, Helmut, Gymnastik- und Tanzbestrebungen vom Ende des 19. Jahrhunderts bis zum Ersten Weltkrieg, in: UEBERHORST, Horst (Hrsg.), Geschichte der Leibesübungen, 3/1, Berlin, München, Frankfurt am Main 1980, S. 569–593

GUTTENBERG, A. v., Naturschutz und Naturschutzgebiete, in: Zeitschrift des deutschen und österreichischen Alpenvereins, 44, 1913, S. 54–61

GYMNASTIK, ab 1926

HAGEMANN, Hedwig, Körperkultur in: PALLAT L. und HILKER, F., Künstlerische Körperschulung, Breslau 1923, S. 41–48

HAUSER, Heinrich, Autowandern, eine wachsende Bewegung, in: Die Strasse, 3, 1936, S. 455–457

HILKER, Franz, Die Kulturaufgabe der Gymnastik, in: Gymnastik, 1, 1926a, S. 69–74

HILKER, Franz, Turnen und Gymnastik, in: Die Leibesübungen (Sonderheft: Rhythmische Gymnastik), 1926b, Heft 21, S. 489–490

HILKER, Franz, Reine Gymnastik. Eine Einführung in Wesen und Formen naturgemäßer Körperbildung, Berlin 1926c

HILKER, Franz, Körperkultur, in: Geist der Gegenwart, hrsg. von Dr. Erasmus (Gotthilf Schenkel), Stuttgart 1928, S. 113–174

HITLER, Adolf, Rede beim 15. Deutschen Turnfest in Stuttgart, in: Leibesübungen und körperliche Erziehung, 19. Heft, 1933, S. 430

ILLICH, Ivan, Die sogenannte Energiekrise oder Die Lähmung der Gesellschaft, Reinbek bei Hamburg 1974

ISENDAHL, Walther, Automobil und Automobilsport, 1. Band, Berlin 1910

JAQUES-DALCROZE, Émile, Der Rhythmus als Erziehungsmittel für das Leben und die Kunst, Basel 1907

JOCH, Winfried, Sport und Leibeserziehung im Dritten Reich, in: UEBERHORST, Horst (Hrsg.), Geschichte der Leibesübungen 3/2, Berlin, München, Frankfurt am Main 1981, S. 701–742

JÜNGER, Friedrich Georg, Die Perfektion der Technik, Frankfurt am Main 1946

KAFTAN, Kurt, Der Kampf um die Autobahnen. Geschichte und Entwicklung des Autobahngedankens in Deutschland von 1907-1935 unter Berücksichtigung ähnlicher Pläne und Bestrebungen im übrigen Europa, Berlin 1955

KALLMEYER, Hade, Künstlerische Gymnastik. Harmonische Körperkultur nach dem amerikanischen System Stebbins-Kallmeyer, Berlin 1910

KALLMEYER-SIMON, Hedwig und LAUTERBACH, Friede, Vom Wesen des Ausdrucks und seiner Beziehung zur Arbeit am Körper des Menschen, in: Gymnastik, 2, 1927, S. 170–178

KIRCHNER, Ernst Ludwig, Ausstellungskatalog, Berlin, München, Köln, Zürich 1980

KLAGES, Ludwig, Mensch und Erde (1913), Stuttgart 1956

KLAGES, Ludwig, Ausdrucksbewegung und Gestaltungskraft, Leipzig 1921

KLAGES, Ludwig, Vom Wesen des Rhythmus, in: PALLAT, L. und HILKER, F., Künstlerische Körperschulung, Breslau 1923, S. 94–137

KLAMT, Jutta, Gymnastik als körperlich-geistiges Erziehungsmittel, in: Die Leibesübungen (Sonderheft: Rhythmische Gymnastik), 1926, S. 502f.

KLAPPER, Edmund, Die Entwicklung der deutschen Automobil-Industrie, Berlin 1910

KLOEREN, Maria, Sport und Rekord. Kultursoziologische Untersuchungen zum England des sechzehnten bis achtzehnten Jahrhunderts, Leipzig 1935

KOCH, Adolf, Nacktheit, Körperkultur und Erziehung. Ein Gymnastikbuch, Leipzig 1929

KORN, Elisabeth, Das neue Lebensgefühl in der Gymnastik, in: Die Jugendbewegung. Welt und Wirkung, Düsseldorf-Köln 1963, S. 101–119

KUHN, Karl A., Die Opfer des Automobils. 3000 Tote und Verwundete während eines Jahres im Deutschen Reich, Berlin 1907

LABAN, Rudolf von, Gymnastik und Tanz, Oldenburg i. O. 1926

LÄRMER, Karl, Autobahnbau in Deutschland 1933–45. Zu den Hintergründen, Berlin 1975

LANGGAARD, Louise, Loheland, in: PALLAT, L. und HILKER, F., Künstlerische Körperschulung, Breslau 1923, S. 49–54

LANGGAARD, Louise, Die gegenwärtige Lage der Gymnastik, in: Gymnastik, 4, 1929, S. 65–78

LENGERKE, Bernhard von, Automobil-Rennen und Wettbewerbe, Berlin 1908

LILIENTHAL, Otti, Zur Kritik der Gymnastikbewegung, in: Die Leibesübungen (Sonderheft: Rhythmische Gymastik), 1926, S. 513–515

LINSER, Jörg, Unser Auto – eine geplante Fehlkonstruktion, Frankfurt am Main 1977

LORENZ, Hans, Räumliches Gestalten bei der Pflanzung an Kraftfahrbahnen, in: Die Strasse, 3, 1936, S. 134–138

MANDER, Helmut, Automobilindustrie und Automobilsport. Die Funktionen des Automobilsports für den technischen Fortschritt, für Ökonomie und Marketing von 1894 bis zur Gegenwart, Frankfurt am Main 1978

MEDAU, Hinrich, Die Grundlagen der Ausdrucksgymnastik von Dr. Bode, in: Gymnastik, 1, 1926, S. 38–41

MENSENDIECK, Bess M., Mein System, in: PALLAT, L. und HILKER, F., Künstlerische Körperschulung, Breslau 1923, S.37–40

MENZLER, Dora, Die Schönheit deines Körpers. Das Ziel unserer gesundheitlich-künstlerischen Körperschulung, Stuttgart 1925

Der MOTORWAGEN, ab 1898

PALAGYI, Melchior, Naturphilosophische Vorlesungen über die Grundprobleme des Bewusstseins und des Lebens, Charlottenburg 1908

PIDOLL, Michael Freiherr von, Der heutige Automobilismus. Ein Protest und Weckruf, Wien 1912

SACHS, Wolfgang, Die Liebe zum Automobil. Ein Rückblick in die Geschichte unserer Wünsche, Reinbek bei Hamburg 1984

SALZMANN, Aubert, Das Auto. Seine Geschichte und technische Entwicklung, Innsbruck-Wien-München 1928

SCHULTE, Rob. Werner, Leib und Seele im Sport, Charlottenburg 1921

SCHULTZE-NAUMBURG, Paul, Kulturarbeiten – Band VII: Die Gestaltung der Landschaft durch den Menschen, I. Teil, München 1915

SCHWENKEL, Hans, Naturschutz und Landschaftspflege, Stuttgart 1927

SEIFERT, Alwin, Natur, Technik und der deutsche Straßenbau, in: Süddeutsche Monatshefte, 33, 1936 (Heft 10: „Landschaft und Technik") S. 604–610

SEIFERT, Alwin, Im Zeitalter des Lebendigen. Natur, Heimat, Technik, Planegg 1942

SIEBERTZ, Paul, Karl Benz, Stuttgart 1950

SIEGLOCH, Carl Wilhelm, Der Fahrer und die Kraftfahrbahn in der Landschaft, in: Die Strasse, 3, 1936, S. 130–131

SOMBART, Werner, Der Bourgeois. Zur Geistesgeschichte des modernen Wirtschaftsmenschen, München und Leipzig 1920

STENOGRAPHISCHE BERICHTE über die Verhandlungen des Reichstags, 1905/1906, Berlin 1906

STOMMER, Rainer (Hrsg.), Reichsautobahn. Pyramiden des Dritten Reichs, Marburg 1982

TEUBERT, Werner, Die Bedeutung der Reichsautobahnen für die Raumordnung, in: Raumforschung und Raumordnung, 1, 1937, S. 401–403

VERHANDLUNGEN des Reichstags, 1908 und 1909, Berlin 1909

VIRILIO, Paul, Fahren, fahren, fahren..., Berlin 1978

WACHTEL, Joachim (Hrsg.), Facsimile-Querschnitt durch frühe Automobilzeitschriften, München-Bern-Wien 1970

WETZEL, Heinz, Turnen – Sport – Gymnastik. Zur Theorie der neueren deutschen Leibesübungen, Berlin 1936

WIEPKING-JÜRGENSMANN, Heinrich Fr., Die Landschaftsfibel, Berlin 1942

ZECHLIN, Max R., Die Wirkungen des Auto-Sports auf den Körper, in: Automobil-Welt, 1, 1903, S. 230–233; 268–270

ZEITSCHRIFT des Mitteleuropäischen Motorwagen-Vereins. Organ für die gesamten Interessen des Motorwagen-Motorbootwesens, ab 1902

Nachwort – Eine aktualisierende Weiterführung

Die Entstehungsgeschichte des Automobils, wie sie hier dargestellt wurde, richtet sich nach dem Prinzip, den technischen Gegenstand in den Kontext der leiblichen Existenz zu stellen, in
dem er entstanden ist und sich erhält. Deswegen ist es zutref-
fender, statt von einer Geschichte des Automobils von der Automobilisierung der gesellschaftlichen Lebensweise und der gesellschaftlich geformten Psyche zu sprechen. Das besagt, dass
ein ganzes Spektrum von Bereichen und Verhaltensweisen einbezogen werden muss. Ein Bereich, der sich beim Auto sofort
aufdrängt, ist der Sport. Hier aber ist weiter zu fragen: In welchem größeren Bezugsfeld befinden sich wiederum die Autoren-
nen mit ihren Prinzipien von Konkurrenz und Höchstleistung? Die
Entwicklung und Konstruktion einer entsprechenden Maschine
richten sich, wie nicht anders zu erwarten, nach dem Vorbild der
Spitzenleistungen der körperlichen Bewegungsmöglichkeiten.
Der an Höchstleistung orientierten Bewegungskultur liegt eine
Struktur zugrunde, die mit dem Subjekt-Objekt-Schema beschrieben werden kann. Das Subjekt ist eine autonome geistige
Kraft, die sowohl den eigenen Körper als auch die umgebende
materielle und soziale Welt als Objekt zu beherrschen versucht.
Von diesem Weltentwurf ist die Epoche der europäischen Neu-
zeit geprägt. Mit Beginn des 20. Jahrhunderts zeichnet sich eine
neue Bewegungskultur ab, die nicht mehr nach dem Subjekt-
Objekt-Schema, also nicht mehr dualistisch funktioniert. Sie beruht auf einer anderen Art und Weise der Wahrnehmung, die
Bewegung und Dynamik durch die umgebenden Wirkkräfte entstehen sieht. Um besser zu verstehen, was es mit der Liebe zum
Automobil auf sich hat, erscheint es angebracht, die gegensätzli-

chen Wahrnehmungsweisen zu skizzieren, insbesondere wie der Übergang von der einen zur anderen vor sich gehen kann.

Das zweipolige Denkschema hat ausgedient

Wie viel man von der Welt verstehen und erfassen kann, hängt vor allem davon ab, welche Denkmodelle man benutzt. Es gibt Anzeichen dafür, dass die dualistische Weltsicht in vieler Hinsicht versagt. Denken, dessen Grundstruktur in der Subjekt-Objekt-Polarisierung besteht und sich folglich in die Position des Subjekts setzt, dem die Welt als Objekt gegenübersteht, versteht sich primär als Akteur, der die Welt unter seine Kontrolle bringt, sie sich unterwirft und beherrscht. Eine Folge dieser Art des Denkens und Handelns ist die fortschreitende Zerstörung der natürlichen Lebensgrundlagen. Das Auto ist nach dem klassischen Subjekt-Objekt-Schema ein Instrument in der Hand des Menschen. Er nutzt es für seine Zwecke, die die Ratio festlegt. Das Schema wird jedoch unbrauchbar, wenn eine Maschine, ein Instrument seiner Hand entgleitet, also selber zum Subjekt wird. Das wird allerdings nur im negativen Fall wahrgenommen, zum Beispiel bei einem außer Kontrolle geratenen Atomkraftwerk. Sehr wohl aber mit positiven Erwartungen wird das Projekt einer Künstlichen Intelligenz (KI) verknüpft, das gerade definiert wird als das Entstehen eines autonomen Subjekts, also als eines Subjekts, das vorher Objekt war. Das Subjekt, in diesem Fall die Konstrukteure der KI, würden dann kein Objekt mehr schaffen, sondern ein zweites Subjekt. Das Problem mit dem Subjekt-Objekt-Schema verschärft sich noch, wenn Dinge, die nicht vom Menschen gemacht sind, Subjektqualitäten entwickeln. Wenn die natürliche Welt (die Luft, der Boden, die Tiere, die Pflanzen, die Natur) sich dem Objekt-Status verweigert und zum Gegner und zur Bedrohung des Subjekts wird – als Klimawandel, als Artensterben –, wird die Rolle des Subjekts als Herrscher in Frage gestellt. Die Welt wird zur bestimmenden Macht. Spätestens hier wird das Subjekt-Objekt-Schema obsolet, weil wir es dann mit zwei Subjekten zu tun haben, die sich gegenüberstehen. In dieser Situation greift die Denkstruktur der Subjekt-Objekt-Polarisierung nicht mehr. Das vorausgesetzte Subjekt wird auch zum Objekt und das vorausgesetzte Objekt nimmt auch die Rolle des Subjekts an. Das kann zur Folge haben, dass die vormals beherrschte Objektwelt unbeherrschbar wird.

Auch wenn die Verhältnisse auf den Kopf gestellt werden, also Täter zu Opfern werden, wie es bei Revolutionen geschehen kann, so bleibt dabei das Subjekt-Objekt-Schema erhalten. Es wechselt nur das Personal, und das System bleibt in bestimmten Strukturen gleich. Beim Umgang mit dem Klimawandel lässt sich Ähnliches beobachten. Wenn der Mensch als das Natur beherrschende Subjekt teilweise zum Objekt, das heißt zum Opfer der Natur wird, kann das Subjekt sich zu wehren versuchen, indem es mit verbesserten technologischen Mitteln gegensteuert. Damit bleibt es jedoch der alten Struktur verhaftet. So ließe sich eher erklären, warum Krisen, die die Unzulänglichkeit oder das Scheitern des bisherigen Verhaltens zeigen, zu keiner grundlegenden Veränderung führen.

In der gängigen Geschichtsschreibung und Darstellung der gegenwärtigen Automobilisierung werden für den riesigen Erfolg des Autos zwar zahlreiche Ursachen, Antriebskräfte, Akteure, Motive und Interessen genannt. Aber ein zusammenhängendes Geflecht entsteht daraus nicht. Solange von Ursachen und Faktoren die Rede ist, bleibt das Schema der Subjekt-Objekt-Polarisierung in Kraft. In diesem Dualismus machen entweder die Autokonzerne, die Werbung, die Verkehrsplaner, der Staat als Subjekt die Masse der Autofahrer*innen zum Objekt, das heißt manipulieren sie entsprechend ihren Interessen. Oder die Konsument*innen, die Autokäufer*innen geben als Subjekte der Autoindustrie ihre Erwartungen vor und machen sie so ihrerseits zum Objekt. Durch die Objektivierung der isolierten Einzelinteressen bleibt der umfassende Zusammenhang der Automobilisierung verborgen. Das betrifft sowohl die Frage, wodurch sie nach wie vor die Menschen in ihren Bann zieht, als auch das Problem ihrer umweltschädlichen Wirkung. Erfassbar wird das Phänomen des Autos, seine Situierung in einer einzigartigen Konstellation im geschichtlichen Verlauf, erst in einer Strukturwahrnehmung des Weltganzen. Um das zweipolige Denkschema zu überwinden, muss ein Weg gefunden werden, die Dinge der Welt als eingebettet in ein Netz oder Geflecht zu betrachten. Dem liegt die Voraussetzung zugrunde, dass die Dinge insofern zusammenhängen, als gleiche Strukturen sich vom Kleinsten bis zum Größten durchziehen. Daher kann das einzelne Ding wie zum Beispiel das Automobil als Kristallisationspunkt einer bestimmten Geflechtstruktur aufgedeckt werden. Damit wird auch die Fragestellung hinfällig, ob ein Zurückdrängen der Automobildominanz in der Welt von den Individuen oder von Gesellschaft und Staat ausgehen müsse.

Leib- und Dingpsychologie

Das Automobil war in den reichen Industrieländern der wohl beliebteste Gegenstand des 20. Jahrhunderts. Geliebt wird das Auto, weil es wie keine andere Maschine dem Menschen zu Diensten ist. In den ersten beiden Jahrzehnten des 21. Jahrhunderts sind jedoch die Gegensätze in der Einstellung zum Automobil schärfer geworden. Das Gerät für sich genommen wird bei positiver Betrachtung als Keim eines die ganze Gesellschaft durchdringenden und weltumspannenden Systems eingeschätzt. Aus kritischer Sicht wird das Auto eher als Krebszelle gesehen, deren weltweite Wucherung letzten Endes wesentlich zur Zerstörung der natürlichen Lebensgrundlagen beiträgt. Um die Situation zu verstehen und richtig beurteilen zu können, ist es notwendig, das Auto nicht mehr als isoliertes Einzelding zu betrachten, das der Mensch in dieser oder jener Weise baut und benutzt. Vielmehr muss es in ein möglichst umfassendes Gesamtgefüge der Welt integriert werden. Wie kann das vor sich gehen? Ich sehe die Notwendigkeit, eine Leib- und Dingpsychologie konzeptionell zu entwickeln. Eine solche muss in der Lage sein, das Individuum nicht nachträglich, sondern von vornherein, schon in seiner Konstituierung an die Welt von Gesellschaft, Wirtschaft und Politik anzuschließen. Wenn Psychologie in Lehrbüchern als die Wissenschaft definiert wird, die sich mit dem Verhalten von Individuen und ihren kognitiven Prozessen beschäftigt, ist damit schon vorausgesetzt, dass es in ihr keine genuinen Zusammenhänge mit Gesellschaft, Wirtschaft und Politik gibt. Denn dafür sind Soziologie, Wirtschafts- und Politikwissenschaft zuständig. Wenn man nun davon ausgeht, dass das Individuum grundsätzlich in eine Gesamtheit der Welt eingebunden ist, auch wenn es diese nicht als Ganzheit im Bewusstsein abbilden kann, so stellt sich die Frage, mit welcher Begründung von dieser Einheit die genannten Lebensbereiche abgetrennt werden können. Es soll hier weder die Notwendigkeit der Beschäftigung mit dem Individuum bestritten noch generell die Arbeitsteilung zwischen den Fachbereichen in Frage gestellt werden. Aber aufgrund der Tatsache, dass jedes Individuum unausweichlich so oder so von Gesellschaft, Wirtschaft und Politik betroffen ist, kann und muss nach Wegen gesucht werden, wie eine Psychologie die Verflechtung des Individuums in die Welt erfassen kann. Während eine Individualpsychologie definitionsgemäß die Welt draußen halten muss, um dem Individuum helfen zu können, muss die anvisierte Leib- und Dingpsychologie Strukturen aufdecken, die die Psyche durch den Leib mit den Dingen der Welt verbindet. Das bedeutet, dass die Psyche nicht als immateriell, welt- und körperlos zu beschreiben ist.

Die Ratio nimmt aber durch ihr abstrahierendes Vorgehen prinzipiell Abstand von der leiblichen Bezogenheit auf die Welt. Daher ist ihr Zugang zum Leib-Welt-System stark eingeschränkt. Denn dieses manifestiert sich nicht unbedingt in den im Bewusstsein präsenten Inhalten, Gewissheiten und Einstellungen. Im Unterschied zu diesem kognitiven Material präsentiert sich das Leib-Welt-System zunächst nicht im Rahmen des Bewusstseins, ist also als vorbewusst oder unbewusst zu bezeichnen. Die Rationalität des ökonomischen und politischen Denkens und Handelns kann nicht die Plattform bilden, auf der auch eine Psychologie analysieren und beschreiben könnte. Wenn wegen des Verkehrsinfarktes, wegen CO_2 und Feinstaub und aus anderen Gründen gegen das Auto argumentiert wird, so liegt *vor* jedem Argument und Gegenargument eine Welt, die nicht ins Bewusstsein tritt und den Operationen der Ratio nicht zugänglich ist, außer man bietet den Dingen den Raum, in dem sie sich öffnen können. Was zu entwickeln wäre, ist abzugrenzen von einer Psychologie, welche sich mit Inhalten befasst, die durch Abwehrmechanismen aus dem Bewusstsein verdrängt wurden und wieder bewusst gemacht werden sollen. Das Unbewusste, um das es hier geht, besteht in der nur zu geringen Teilen erfassbaren Komplexität der leiblichen Einbettung in die Welt. Dieses Unbewusste kann folglich auch nur aus der Art und Weise der Einbindung in die Welt rekonstruiert werden. Die Verwendung des

Automobils und seine Nutzung für vielerlei Zwecke folgt, wie es zunächst scheint, zumeist angebbaren rationalen Gründen. Man braucht es, um zum Arbeitsplatz zu kommen, zum Einkaufen, für den Arztbesuch usw. Aber das Auto geht in der vorgebrachten Rationalität nicht auf. Denn es gibt Alternativen und es könnte welche geben, die nur nicht realisiert sind. Warum die Liebe zum Automobil dennoch kaum abnimmt, ist zunächst rational nicht erklärbar. Wenn man jedoch das Subjekt-Objekt-Denkschema verlässt und es durch ein Gewebe- oder Netzwerkdenken ersetzt, zeigt sich eine überraschende Wirkmächtigkeit. Was gewöhnlich und alltäglich außerhalb des Bewusstseins bleibt, kann eine Leib- und Dingpsychologie ans Licht bringen.

Eine einzigartige Konstellation

Die Vorgehensweise einer Psychologie, die den Leib und die Dinge als Akteure zulässt, kann hier am Beispiel des Automobils exemplarisch gezeigt werden. Sie geht grundsätzlich von empirischen Sachverhalten aus, durch welche eine Einheit von Leib und Ding realisiert ist. Man kann sich die Struktur dieser Einheit etwa mit folgender Fragestellung nähern: Was ist das Auto? Was ist das welthistorisch Einmalige des Automobils? Die erste und grundlegende Eigenschaft, die das Auto zum Auto macht, ist die große überlegene Macht, die es mit seiner Gestalt, Stärke und Fähigkeit gegenüber dem Menschen besitzt. Es vermag mir über jedes menschliche Maß hinaus nützlich und hilfreich zu sein, indem es mich von einem Ort zum anderen trägt. Aber das allein macht noch nicht das Einmalige aus. Das gab es schon vorher, wenn auch in schwächerer Form, bei der Pferdekutsche. Mit großer Kraft und Geschwindigkeit realisierte dann die Eisenbahn die Erfahrung der großen überlegenen Macht. Aber diese größere Macht ließ sich nicht dazu herab, sich in meine Hände zu begeben. Sie überließ sich nicht meiner Verfügungsgewalt. Sie blieb eine unabhängig von mir bestehende Welt. Sie funktionierte als ein von mir nicht zu beeinflussendes System mit festen Regeln, mit Fahrplänen, mit feststehenden Strecken.

Zum welthistorisch einmaligen Phänomen kommt es erst an dem Punkt, wo die große überlegene Macht bedingungslos dem Individuum zu Diensten ist. Während Bahn, Bus und Flugzeug Einrichtungen sind, nach denen ich mich richten muss, richtet sich das Auto nach mir. Es hält sich bereit in meiner Nähe. Es schreibt mir keine Uhrzeit und keinen Weg und keine Richtung vor. Obwohl sich das Auto als überwältigende Macht präsentiert, ist mir diese Macht – und das ist das einzigartig Wunderbare – stets zu Diensten. Wo sonst im Leben steht mir für jeden noch so kleinen Wunsch nach Mobilität eine derartig große Macht zur Verfügung? Ihre Fähigkeit zu Bewegung und Beschleunigung einerseits, ihre Bereitwilligkeit und Zuverlässigkeit andererseits vermögen bedenkenloses Vertrauen zu erzeugen. Verglichen mit einer religiösen Macht, auch einer dem Glauben nach allwissenden und allmächtigen, wirkt das Auto berechenbarer und glaubwürdiger. Von meinem Wunsch und Willen lässt es sich in Bewegung setzen. Es verlangt nur minimales Handeln von mir, um seinerseits gewaltige Kraft zu meinen Gunsten zu entfalten. Da muss es unbegreiflich erscheinen, wie ein so unglaubliches Angebot ausgeschlagen werden kann. Der Tesla-Gründer Elon Musk stellt in seiner Polemik gegen den Öffentlichen Nahverkehr genau diese Frage: „Öffentlicher Nahverkehr ist beschissen… Warum steigst du in etwas ein mit einer Menge anderer Leute, die nicht dort aussteigen wollen, wo du aussteigen willst, nicht dort starten, wo du startest, nicht dort ihre Fahrt beenden, wo du sie beenden willst?" (zit. bei M.-L. Wolff, Die Anbetung. Über eine

Superideologie namens Digitalisierung, Frankfurt am Main 2020, S.117)

So kann die Lust am Autofahren mit der idealen Kombination des aktiven Selbst mit der gütigen technischen Macht in Zusammenhang gebracht werden. Aktive Herrschaft über das technische Gerät verbindet sich wundersam mit der lustvollen Passivität des Getragen-Werdens. Es geht um die Ende des 19. Jahrhunderts welthistorisch erstmals auftauchende Möglichkeit, sich mit seiner ganzen körperlichen Existenz in die Obhut einer kraftvollen Maschine zu begeben, die ihre Bewegung über jedes menschliche und auch animalische Maß hinaus zu steigern vermag, die sich als zuverlässige, freundliche Macht erweist und die auch ein angenehmes, weiches und warmes Ambiente bietet.

Das Bedürfnis, von einem Größeren, Stärkeren, Mächtigeren bewegt und fortbewegt zu werden, sich nach so etwas zu sehnen, dem man sich mit Haut und Haaren anvertrauen kann, ist keine Angelegenheit der Epoche der Neuzeit, die im 15./16. Jahrhundert begann. In dieser Hinsicht also wäre das Auto kein Produkt der Neuzeit. Deren prägendes Kennzeichen ist die Aktivität des Subjekts, die die gesamte begegnende Welt als Objekt betrachtet und als Objekt unterwirft. Dem aber entspricht genau die zweite genannte Eigenschaft des Automobils, das sich seinem Besitzer und Fahrer bedingungslos zur Verfügung stellt, sich von seinem Willen steuern und beherrschen lässt. Das liegt in der Tradition der Neuzeit und wird vielfach mit dem Begriff der Freiheit verbunden („Freie Fahrt für freie Bürger"). Es handelt sich also um ein ungewöhnliches Zusammengehen einer eher aktiven und einer eher passiven Verhaltensweise.

Eine solche Beschreibung des Autos samt seiner Fähigkeit und Wirkkraft ist nicht aus Aussagen von Autofahrern abgeleitet, auch nicht aus bewusst gewordenem persönlichem Erleben beim

Autofahren. Eine derartige Psychologie analysiert strikt entlang der Strukturen des Dinges, hier des Autos. Es ist ein Ding, das große Kraft hat, das schnell ist, das seinen Benutzer leiblich bedient. Eine solche Psychologie bedarf einer Beschreibung des Dinges, die bis zu dessen umfassendster Grundstruktur vordringt. Beim Auto ist dies, wie dargestellt, die zu Diensten stehende große Macht. Es kann eine solche Ding-Psychologie nicht geben, ohne dass sie zugleich zur Leib-Psychologie wird. Das Ding stellt einen Bezug zum Leib her. Das Auto-mobil bewegt sich nicht nur selbst, es setzt den Leib in Bewegung. Es vermittelt die Wirkung, um die es hier geht, ausschließlich leiblich. Grundsätzlich können alle materiellen Dinge eine Beziehung zum Leib herstellen. Auf welche Weise dies geschieht, muss aber in jedem Einzelfall eigens erforscht werden. Im Fall des Autos ist es so, dass es als übergroße Wirkmacht den Leib in ein Medium versetzt, das künstlich die Erfahrung der Grundmedien der Erde erzeugt. Es trägt wie der Erdboden, es umhüllt wie die Luft und die Wärme und wie das Wasser. Das Auto bietet unter Umständen die Erfahrung der natürlichen Medien intensiver als diese selbst. Die große Macht in meiner Hand, das Auto, setzt sich an die Stelle der ganz anderen, großen Macht einer Natur, die mir weit überlegen und zudem hilfreich und freundlich ist, indem sie mich mit allem versorgt und am Leben erhält. Diese muss technisch ersetzt werden, wenn sie nicht als tragende umgebende Hülle erfahren wird. Die große Natur müsste leiblich erfahren werden können vor jedem bewussten Nachdenken über sie und vor ihrem sprachlichen Ausdruck. Wenn dies nicht der Fall ist, kann das Auto-Ding einspringen und eine ähnlich strukturierte Leiberfahrung ermöglichen: die Erfahrung einer fürsorglichen Macht, die sich steuern lässt.

Es ist die leibbezogene überlegene Macht, die erst den Zugang zum Kunden, Käufer, Autofahrer gewährleistet. Die vielen Akteure im System der Automobilität, angefangen bei den Erfinder*innen und Ingenieur*innen über die Autoindustrie und die mächtigen Autokonzerne bis zu den Verkehrsplaner*innen, Marketingstrateg*innen und Verkäufer*innen, sind auf verschiedene Weise von dem Grundtatbestand abhängig, dessentwegen das Auto geliebt wird. Daher liegt es in der Logik der über hundertjährigen Geschichte des Automobils, die Entwicklung immer in Richtung einer Steigerung der großen Macht voranzutreiben. Immer stärkere, schnellere, größere Autos zu bauen, bedeutet eine stetig zunehmende Erhöhung und Verehrung dieses Faszinosums. Das jeweils stärkere und schnellere Fahrzeug strahlt mehr Souveränität, mehr Sicherheit, mehr Lebensqualität aus.

Körperlosigkeit und Passivität

Das zweite Element der einzigartigen Konstellation der Automobilität besteht im Wunsch des passiven In-Bewegung-versetzt-werden-Wollens. Passiv fortbewegt zu werden, gehört zur Existenzweise des neugeborenen Kindes beziehungsweise des Kleinkindes, solange es nicht krabbeln und laufen kann. Es wird getragen oder im Kinderwagen gefahren. Die Erwachsenen konnten über weite Strecken der Menschheitsgeschichte dieses Privileg nicht in Anspruch nehmen, sondern mussten sich aus eigener Kraft fortbewegen. Auf dem Rücken des Pferdes oder in der Kutsche sich fortbewegen zu lassen, war an die begrenzten Kräfte von Lebewesen gebunden. Mit der Eisenbahn wurden diese Grenzen überwunden, jedoch durch vorgegebene Strecken und Fahrpläne die Selbstbestimmung des Subjekts eingeschränkt. Das Automobil ermöglichte beides: Bei größtmöglicher Passivität immer noch die Kontrolle zu behalten, ist das Erfolgsprinzip der

Automobilität. Beim projektierten autonomen Fahren wird das Prinzip noch einen Schritt weiter oder sogar bis zu seinem Endpunkt vorangetrieben. Die technisch erzeugte Körperlosigkeit – das autonome Auto fährt auch ohne körperliche Anwesenheit eines Menschen – versetzt den Körper in den Status der Passivität. Damit wird, neuzeitlich gesprochen, das Subjekt-Objekt-Verhältnis umgekehrt, allerdings nicht komplett, weil die Ratio die Kontrolle behält. Das gilt natürlich nicht nur für das automobile Weltsystem, sondern für die moderne Technikentwicklung insgesamt. Deren innere Logik führt in Richtung Körperlosigkeit. Der Körper wird immer weniger gebraucht. Instrumente, Geräte, Maschinen ersetzen die körperliche Arbeit und Tätigkeit. Der Körper ist aber noch da. Was macht er jetzt? Vor allem seine Augen und Fingerspitzen werden noch benutzt. Wenn dem Körper seine zuvor notwendigen Aktivitäten tendenziell von der Technik abgenommen werden, bedeutet das, dass ihm in dieser Hinsicht eine passive Rolle zukommt und es an seiner Stelle einen anderen Akteur geben muss. Wenn aber technische Geräte und Maschinen zu Akteuren werden, wird der Körper als ehemaliges aktives Subjekt zum Objekt. Gepflegt, trainiert, verschönert und optimiert verliert das Körperobjekt sein anderes Potential.

Exkurs zur Corona-Krise

Das historisch herausragende Ereignis der Corona-Pandemie im Jahr 2020 scheint nun die Tendenz zur Körperlosigkeit radikal durchbrochen zu haben. Sich vorzustellen, was wäre, wenn die Tendenz zur Körperlosigkeit umgekehrt würde, war bisher nur in einem Gedankenexperiment möglich. Man konnte zum Beispiel das Szenario durchspielen, dass die Basistechnologien der modernen Welt wie Strom- und Wasserversorgung ausfielen, wo-

durch der Körper wieder auf sich selbst verwiesen würde oder auch in seiner Existenz bedroht wäre. Die Corona-Krise des Jahres 2020 hat den Körper mit unerwarteter Dramatik in den Mittelpunkt von Denken und Handeln gerückt. Die im Normalzustand praktizierte Körperlosigkeit muss einer hegemonialen Position des Körpers Platz machen. Diese beruht jedoch nicht auf dieser oder jener anerkannten und hochgeschätzten Fähigkeit des Körpers, sondern schlicht auf seiner drohenden Zerstörung durch das Virus. Da aber sein Funktionieren gebraucht wird, kann er jetzt über Wirtschaft und Politik triumphieren. Er bringt die rationalen Diskurse im politischen und wirtschaftlichen System in Zugzwang. DIE ZEIT fragt: „Alle Macht dem Virus?" Widerstrebend zwar, aber gezwungenermaßen unterwirft man sich den Maßgaben des Körpers. Denn es ist zu bedenken, wenn dem Körper Priorität eingeräumt wird, ist dies gleichbedeutend damit, dass gesellschaftliches Leben und Wirtschaft aus dem Zentrum der Welt gerückt werden. Das bedeutet nichts Geringeres, als dass die vom Menschen aufgebaute gesellschaftliche, wirtschaftliche und politische Ordnung in ihren Grundfesten erschüttert wird. Die Stilllegung der Wirtschaftstätigkeit führt an den Rand des Zusammenbruchs von Teilsystemen, wozu auch das Gesundheitssystem gehört. Der vom Virus SARS-CoV-2 angreifbare Körper erweist sich als die Achillesferse des Systems. Die Marktwirtschaft funktioniert nicht mehr. Um sie zu retten, muss der Staat eingreifen. So entsteht ein Antagonismus zwischen dem in seiner Existenz gefährdeten Körper und der vom Absturz bedrohten Wirtschaft. Zu einer außergewöhnlichen Notsituation führt die Pandemie aber erst dadurch, dass die Ratio nicht mehr wie in „normalen" Zeiten als der vom Körper abstrahierende Geist agieren kann. Gewöhnlich können die für den Körper lebensgefährlichen Bedrohungen – zum Beispiel Krankheiten wie Herzinfarkt und Krebs oder Genussmittel wie Rauchen und Alkohol oder die Teilnahme am Straßenverkehr oder Unterernährung, Hungersnot und Krieg – allesamt als kleinere oder größere Summen von Einzelfällen isoliert werden. Erst die Eigenschaft des Virus, dass es hochansteckend ist, also von einem Körper auf den anderen überspringen kann, erzwingt den Übergang zur Ganzheit im Denken und Handeln. Weil die körperliche Existenz aller Menschen bedroht ist, wird die Gesamtheit der Körper gewissermaßen ein einziger menschheitlicher Großkörper. Damit ist nicht eine Summe aller Körper gemeint, die man bildet, wenn man die Zahl der Weltbevölkerung angeben will. Die Ganzheit, die zumindest auf nationaler Ebene das Geschehen beherrscht, besteht darin, dass das Virus wie ein Medium wirkt, wie es die Luft oder das Wasser sind. Der Körper bewegt sich in diesem Medium und ist ihm ausgesetzt. Nur unter diesem Vorzeichen kann die Ratio noch für die Stabilisierung des Wirtschaftssystems kämpfen und eine Wiederherstellung des Status quo fordern.

Mit der Feststellung der dem Körper zugewachsenen Machtposition ist die Frage, ob sich dadurch an der Tendenz zur Körperlosigkeit etwas ändert, nicht beantwortet. Bei der hier angerissenen Problemstellung ist nun die große Frage: Was vermag der unter Schutz gestellte Körper mit seiner neugewonnenen Macht anzufangen? Kann er seinem zunehmenden Bedeutungsverlust entgegenwirken? Eine Chance dafür besteht sicherlich in den Bereichen, wo körperliche Tätigkeiten immer noch gebraucht werden. Es ist allerdings von der Tatsache auszugehen, dass es nicht eine neue, positive Stärke des Körpers ist, die ihn plötzlich, wenn auch nicht konkurrenzlos, zum „festen Punkt im All" werden lässt, an dem sich Wirtschaft, Politik und so gut wie alle anderen Lebensbereiche orientieren müssen. Es ist im Gegenteil die Schwäche des Körpers, seine tödliche Bedrohung, die ihn für eine

gewisse Zeit zum obersten Machtzentrum erhebt. Er ist der An-
gegriffene und Bedrohte. In dieser Rolle muss er verteidigt wer-
den und ist insofern Objekt des Menschheitssubjekts. Da er aber
nicht aufgegeben werden kann, bleibt er zugleich Subjekt und
Akteur. Die Paradoxie, die darin steckt, eröffnet im Prinzip einen
Möglichkeitsraum. Weil in Vor-Corona-Zeiten der Körper im ge-
sellschaftlichen Zusammenleben, in Arbeit und Produktion nie
das Maß aller Dinge war, könnte er durch die Pandemiesituation
eine Besserstellung im gesellschaftlichen Gefüge erfahren. Dafür
müsste zum Beispiel die Überforderung und schlechte Bezahlung
des Pflegepersonals und anderer Berufe überwunden werden.
Mit solchen Einzelmaßnahmen allein wäre allerdings das Grund-
problem einer Denkweise, die den Körper als zweckdienliches
Instrument objektiviert, noch kaum berührt. Denn es kann auch
in die umgekehrte Richtung gehen. Die fortschreitende Digitali-
sierung könnte in den zentralen Bereichen der Arbeitswelt, der
Güterversorgung, der Bildung, der Kommunikation den Körper
weitgehend ersetzen.

An diesem Punkt ist es angebracht, anstelle des Wortes Körper
von Leib zu sprechen. Der Leib ist der materiell-biologisch in seine Welt eingebettete Mensch, dessen Beziehungen der Einbindung in das Weltganze von der Ratio großenteils nicht erfassbar
sind. Der Leib verfügt mit seinen Sinnen über eine ihm eigene
Wahrnehmungsweise, die ihm vor jedem Bewusstsein und vor
jeder Reflexion einen Zugang zur Welt verschafft. Der Leib ist
nicht die dumpfe Masse, die dem Geist nur als Träger und Gefäß
dient, sondern ein Akteur, der quer zur angestrebten Körperlosigkeit im Rahmen der neuzeitlichen Rationalität agiert. Mit anderen Worten: Der Körper mag seine ökonomisch-praktische
Funktion und Bedeutung zunehmend verlieren. Der in das Welt-

ganze von Natur und Gesellschaft verwobene Leib dagegen kann möglicherweise einen dringend notwendigen Wandel des Weltbezugs eröffnen. Indem der passive Leib seine Aktivitäten eingestellt hat, tritt ein anderer Weltbezug in Kraft. Passivität bedeutet in diesem Zusammenhang nicht Apathie oder gar Leblosigkeit. Im Weltgefüge, in dem der Leib verankert ist, kommen immer neue Beziehungen auf ihn zu. Die Passivität schafft erst die Offenheit für die Erfahrung einer umfassenden Ganzheit. Sie ist hier also nicht als das Gegenteil von Aktivität zu verstehen. Die leibliche Wahrnehmung der bewegten Passivität stellt die Verbindung zu den tragenden Medien der Welt und der Erde her. Die vom Menschen gemachte Welt der Automobilität zieht mit den natürlichen Medien der Erde, wenn auch nur scheinbar, gleich. Bei diesem Vorgang passt das Auto mit seiner spezifischen Art, den Körper als Objekt fortzubewegen, wie der Schlüssel ins Schloss zu einer nicht-objektivistischen Wahrnehmung der Welt. Im Folgenden soll es zunächst um die objektivistische Einstellung gehen, um dann den Entwurf einer teilnehmenden Wahrnehmung der Welt dagegenzustellen.

Das objektivistische Bewusstsein

Der öffentliche Diskurs über die Hauptprobleme der Gegenwart, sei es die Erhaltung der natürlichen Lebensgrundlagen, sei es die sozial gerechte Verteilung der Güter oder die Frage von Krieg und Frieden, ist von einer gewissen Ratlosigkeit und Unlösbarkeit der Probleme geprägt. Der rationale Diskurs mit seiner Art des Schlussfolgerns und Entscheidens ist, so scheint es, nicht in der Lage, auf die Erderwärmung zu reagieren. Wenn empirische Erkenntnisse über das Klima keine Rückwirkung auf das Subjekt der Naturmanipulation haben, so kann man daraus schließen, dass es eine Grundstruktur im herrschenden Bewusstsein geben muss, die sich einerseits schon seit lang anhaltenden Zeiträumen durchhält und die aktuellen Zustände herbeigeführt hat, andererseits aber in neuerer Zeit sich als ineffektiv und sogar kontraproduktiv erweist. Wenn sich die Grundstruktur des Denkens als ungeeignet dafür zeigt, mit der Welt zurechtzukommen, dann muss der Grund die Unfähigkeit sein, eine bestimmte Wirklichkeitsdimension überhaupt erfassen zu können. Entweder ist, so kann man folgern, in der Welt der Bewusstseinszustände eine Fehlfunktion eingebaut oder das ganze System der Bewusstseinsvorgänge ist so konstruiert, dass es keinen adäquaten Zugang zu den materiellen Lebensgrundlagen des Planeten hat. Was also fehlt der herrschenden Grundstruktur des Denkens? Bekanntlich ist sie in der neuzeitlichen Epoche der letzten 500 Jahre vom dualistischen Schema von Subjekt und Objekt samt zahllosen Vermittlungsversuchen zwischen beiden geprägt. Diese historisch festgefügte Struktur der Subjekt-Objekt-Polarisierung verhindert, über das mit ihr gegebene Prinzip der Beherrschung und Ausbeutung von Natur, Mensch und Welt hinauszugelangen. Im Rahmen der Subjekt-Objekt-Rationalität können zwar vernünftige Forderungen erhoben werden. Sie können mit Fakten und Zahlen begründet sein. Wenn vernünftige Lösungen aber trotzdem nicht umgesetzt werden, gibt es zwei Möglichkeiten: Man führt einen eigenen Akteur ein, den man zum Beispiel „Irrationalität" oder „Unvernunft" nennt, dem man die Folgenlosigkeit des rationalen Diskurses anlasten kann. Oder aber man überschreitet die Grenzen des Operationsfeldes der Ratio als Ganzem und setzt ihre Spielregeln außer Kraft. In der Tradition der Phänomenologie wird der Diskursgegenstand aus dem Herrschaftsbereich der urteilenden Ratio befreit, so dass er sich selbst zeigen kann.

Wenn man das Denksystem von Mensch-Subjekt und Natur-Objekt verlassen will, bedarf es der Kenntnis der wichtigsten Strukturen, mit denen dieses System arbeitet. Die oberste und umfassendste Denkstruktur der europäischen Neuzeit ist die Herrschaft des Subjekts (der Mensch und seine Institutionen) über das Objekt (Mensch, Natur, Ding, Welt). Entscheidend ist dabei die spezielle Bewusstseinsoperation, die Welt in Teile zu zerlegen und diese aus dem Weltzusammenhang herauszulösen. Es gibt zahllose Zerteilungsprinzipien, angefangen von der Arbeitsteilung über Schichten, Klassen, Religionen bis zu Ethnien und Staaten. Immer werden Einzelteile aus dem Ganzen der Welt herausgetrennt. Zusammenhänge zwischen den Teilen werden entweder ausgeblendet, so dass doppelte Standards verwendet werden können. Oder Zusammenhänge werden willkürlich hergestellt. Getrennt in Einzelstücke ist die Welt beherrschbar. Die Einzelteile werden zu in sich geschlossenen Objekten konstruiert und von anderen Bezügen isoliert. Ein beliebiges Beispiel aus der internationalen Politik kann dies veranschaulichen. Dem von „uns" verachteten und gehassten Regime in Syrien wird durch das Denksystem verboten, die Frage aufzuwerfen, warum das Regime in Saudi-Arabien mit „uns" verbündet sein kann. Wenn gleiche oder zumindest vergleichbare Dinge mit verschiedenen Maßstäben gemessen werden, ist dies nur durch die Bewusstseinsstruktur möglich, dass die Dinge jeweils aus dem Gesamtzusammenhang herausgeschnitten werden. Wenn man von Syrien spricht, darf Saudi-Arabien nicht auf dem Bildschirm des Bewusstseins erscheinen. Wer dennoch davon spricht, dem wird vom objektivistischen Bewusstsein „Whataboutism" vorgeworfen. Da tritt die Trennfunktion des objektivistischen Bewusstseins in Aktion.

Abstraktion in der Produktion

Ein Bewusstsein als objektivistisch zu bezeichnen definiert es als Denkverfahren, die Dinge der Welt inklusive ausgewählter Beziehungen in einzelne Pakete abzupacken. Die Regierung verabschiedet ein Klima-Paket, das dem Klima nichts helfen wird. Wenn die Wirtschaft Produkte erfindet und herstellt, so geht es nicht darum, sie in das Gewebe der Lebensgrundlagen der Welt einzufügen, sondern darum, dass sie einen Markt finden und Gewinn bringen. Man kann hier auch an Karl Marx anknüpfen, und zwar an seine Beschreibung, wie eine Ware und wie Kapital zustande kommen. Er stellt fest, dass es gerade die Abstraktion vom Gebrauchswert der Waren ist, was den Tauschwert der Waren charakterisiert. (MEW 23, S. 51f.) Mit dieser Abstraktion geht eine zweite einher, durch die die Bestandteile und Formen der Arbeitsprodukte auf dem Weg zum Tauschwert wegfallen. Sie spielen keine Rolle mehr. Damit verschwinden auch die verschiedenen Arten produktiver Arbeit. Es bleibt nur die im Produkt vergegenständlichte, abstrakte menschliche Arbeit übrig, die den Wert des Produktes ausmacht. Aufgrund dieser Abstraktionen wird der Tauschwert vom Gebrauchswert unabhängig. (Vgl. MEW 23, S. 53) Marx geht es darum zu erklären, auf welchen Voraussetzungen das kapitalistische Gesellschaftssystem beruht. Die Antwort ist, dass es hauptsächlich auf einer Reihe von Abstraktionen gründet. Zuerst wird vom Gebrauchswert abstrahiert. Ob Glyphosat oder Waschmaschine hat keine Bedeutung. Was zählt, ist nur der Tauschwert. Die für die Herstellung des Produkts verausgabte Arbeit, sei es die Arbeit im Chemielabor oder sei es die Konstruktionsarbeit des Ingenieurs, ist für die Zwecke des Kapitals völlig gleichgültig. Wenn heute ein Risikokapitalgeber von Kabine zu Kabine geht, um sich alle möglichen Startup-Projekte vorstellen zu lassen, kann es ihm egal sein, ob es um die Entwicklung eines neuen Medikaments oder um ein Projekt für ein spezielles Elektroauto geht. Er hat nur mit der Beurteilung naturwissenschaftlich-technischer Fragen und mit der Einschätzung der Marktchancen zu tun.

Für Marx war klar, dass nur die Abstraktion vom Gebrauchswert und damit von Art, Inhalt und Zweck der Produkte sowie vom Gegenstand menschlicher Arbeit die kapitalistische Wirtschaftsweise ermöglicht. Diese Abstraktionen bieten in der Konsequenz die Möglichkeit der Mehrwertproduktion und der Kapitalakkumulation und schaffen in deren Folge die Kluft zwischen Arm und Reich. Die Abstraktion vom Gebrauchswert hat jedoch noch eine ganz andere Konsequenz. Weil ein Gebrauchswert so gut ist wie ein anderer, wenn er nur Gewinn abwirft, ist dem Kapital im Rahmen bestimmter Gesetze alles erlaubt. Oder von einer anderen Seite betrachtet: Das Kapital besitzt von sich aus keinen Maßstab und keine Orientierung für die Herstellung von Produkten außer eben die Kapitalakkumulation. In dem Moment aber, wo viele Produkte wegen schädlicher Wirkung zum Problem werden, wird man über Marx hinaus weitere Abstraktionen konstatieren müssen. Unterschiedslos alle Produkte menschlicher Erfindung und Arbeit für tauschwert- oder warenfähig zu halten, führt, wie die Geschichte der Industrialisierung zeigt, in Sackgassen und Katastrophen. Die Abstraktion von Zweck, Sinn, Material und Wirkung eines Produkts bedeutet zugleich die Abstraktion von der leiblichen Verflechtung in die natürlichen Grundlagen des Lebens.

Das Scheitern der objektivistischen Rationalität

Dass die Ratio nicht nur Fehler macht, sondern von einer Struktur des Denksystems geleitet wird, die den Umgang mit Stoffen und die Herstellung von Produkten völlig losgelöst vom Ganzen der Biosphäre und der Erde vollzieht, zeigt sich an vielen Beispielen der neueren Geschichte. Ist schon der Krieg als solcher eine Bankrotterklärung der Vernunft, so setzt sich diese uneingeschränkt fort, wenn zum Beispiel nach dem Zweiten Weltkrieg übrig gebliebene Munition und Giftgas im Meer versenkt wurden, so dass noch heute 1,6 Millionen Tonnen davon vor der deutschen Nord- und Ostseeküste liegen. Das bedeutet, dass im Denksystem der Verantwortlichen und über deren Kreise hinaus die Beseitigung einer unerwünschten Sache so in sich abgekapselt und aus dem Ganzen der Welt herausgetrennt werden konnte, dass ein Gedanke an die zu erwartende Umweltschädigung nicht auftauchen konnte.

Noch weit gewaltigere Dimensionen nimmt die Missachtung des Gesamtzusammenhangs des Lebens in der industriellen Herstellung bestimmter Produkte an. Ein bekanntes Beispiel sind die Polychlorierten Biphenyle, kurz PCB. Diese organischen Chlorverbindungen, ungefähr seit 1930 produziert, waren als Weichmacher in der Bauindustrie für Fugendichtungsmassen und in der Kunststoffindustrie interessant. In der Kette von Erfindung über Zulassung bis zur Anwendung bestimmte einzig der partikuläre Nutzen das Handeln. Dass der Stoff sich in der Umwelt verbreiten könnte, kam nicht in den Blick. Erst als man nicht mehr um die Erkenntnis herumkam, dass der Stoff vor allem über tierische Lebensmittel vom Menschen aufgenommen wird und giftige und krebsauslösende Wirkung hat, wurde er in Deutschland

1989 verboten. Das heißt, dass die Ratio ihr Produkt verwerfen und das Verfahren als Sackgasse erkennen musste.

Auch beim Umgang mit manchen natürlich vorkommenden Mineralien wird man von einem Scheitern der Ratio sprechen müssen. Asbest, dessen Fasern technisch aufbereitet sich für eine vielfältige Verwendung anboten, gehört zu dieser Kategorie. Das Produkt kam seit dem 19. Jahrhundert wegen seiner großen Zugfestigkeit und Feuerbeständigkeit in Form von Platten und als Dämmstoff in der Bauindustrie, aber auch in Arbeitsschutzkleidung zum Einsatz. Seine massive Gesundheitsschädlichkeit wurde zu Beginn des 20. Jahrhunderts entdeckt. In den 1940er Jahren wurde Lungenkrebs infolge von Asbest als Berufskrankheit anerkannt. Verboten wurden Herstellung und Verwendung von Asbest in Deutschland aber erst 1993. Das zeigt, dass die objektivistisch strukturierte Ratio ohne Weiteres in der Lage ist, einzelne Zwecke wie Technik und Gewinn so zu isolieren, dass die leiblich-materielle Existenz aus der Wahrnehmung verschwindet. Die aus den Lebenszusammenhängen herausgelösten Ziele der Ratio haben, wie man weiß, nicht nur das Potential, die leibliche Existenz des Menschen zu schädigen, sondern können auch direkt die Lebensgrundlagen angreifen.

Das ist auch beim sogenannten Sevesounglück im Jahr 1976 der Fall. In der italienischen Chemiefabrik Icmesa nördlich von Mailand kam es durch unsachgemäße Bedienung der Anlage zur Freisetzung einer unbekannten Menge des hochgiftigen Dioxins TCDD (Tetrachlordibenzodioxin). Die Giftwolke verseuchte ein 1.800 Hektar großes, dichtbesiedeltes Gebiet. Dioxin wurde hier nicht als gezieltes Produkt hergestellt, sondern fiel als Nebenprodukt bei der Synthese von Pestiziden an. Eine Katastrophe wie die bei Seveso durch „menschliches Versagen" einzelner Beteiligter zu erklären, verdeckt den wirklichen Hintergrund: Das

Ansinnen, mit künstlich hergestellten Substanzen gezielt einzelne Teile der Biosphäre zu vernichten, führt von Fall zu Fall zur Schädigung des ganzen Lebenszusammenhangs von Pflanzen, Tieren und Menschen. Die Abstraktion von der Logik der leiblichen Wahrnehmung sowohl in Wissenschaft und Forschung wie auch in den Erwartungen der Konsumenten ist zum Markenzeichen des herrschenden Bewusstseins geworden.

Eine Katastrophe von noch weit größeren Ausmaßen ereignete sich 1984 im indischen Bhopal. In einer Pestizidfabrik im Besitz der Union Carbide Corporation (USA) entwichen zwischen 25 und 40 Tonnen Methylisocyanat in die Atmosphäre. Durch das Giftgas kamen nach Schätzungen zwischen mindestens 4.000 und 20.000 Menschen ums Leben. Darüber hinaus verursachte die Gaswolke bei mehreren hunderttausend der Opfer Leiden an Lunge, Herz, Niere, Leber und führte zu Erblindung, Lähmungen, Hirnschäden und Fehlbildungen bei Neugeborenen. Die Katastrophe wird als Unfall bezeichnet, bei dem sowohl menschliches wie auch technisches Versagen eine Rolle gespielt habe. Was hier als ungewollte Nebenwirkung bei einem ansonsten normalen Ablauf erscheint, steht jedoch schon bei der angeblichen „Normalität" im Kontext der beabsichtigten tödlichen Wirkung von Pestiziden. Damit wird im Rahmen der industriellen Landwirtschaft die Einbindung in das Gewebe der Lebensgrundlagen und deren leibliche Wahrnehmung verlassen. Mit der Zerstückelung der Welt und den eigenmächtig isoliert gesetzten Zielen ist die Ratio auf sich gestellt und, wie die Sackgassen und Katastrophen zeigen, damit überfordert. Die objektivistische Bewusstseinsstruktur mit ihrer Herauslösungsmethode ist seit Beginn der Industrialisierung überall dort am Werk, wo die Massenproduktion ohne Bezug auf die Grundbedingungen des Lebens auf der Erde betrieben wird. Aufseiten der Konsumenten führt das objektivistische System des Bewusstseins dazu, dass der Erwerb eines Kleidungsstücks, eines Möbelstücks, eines Fahrzeugs anhand von wenigen Kriterien, vor allem von privaten Zwecken geschieht. Das bedeutet, dass von dem Gegenstand all die Fäden zu seiner Herkunft, Herstellung, zu seiner Lieferkette insgesamt abgeschnitten sind.

Die leibliche Wahrnehmung

Die beschriebene Herauslösetechnik, die zur Grundstruktur des objektivistischen Bewusstseins gehört, hat die Konsequenz, dass in diesem System eine ganze Dimension von Wirklichkeit unterschlagen wird. Es ist unfähig, den Gesamtzusammenhang einer Sache in den Blick zu nehmen. Herbizide und Pestizide zu entwickeln ist nur möglich, wenn man das Ganze der Biosphäre draußen hält. Das objektivistische Bewusstsein leistet keine Wahrnehmung, die alles aufnimmt, was ein Mensch aufnehmen kann. Der französische Philosoph Maurice Merleau-Ponty (1908–1961) hat in seinem Werk „Phänomenologie der Wahrnehmung" den Begriff der Wahrnehmung erweitert und ihn für den umfassendsten Weltbezug reserviert, der sich im Bewusstsein nicht abbilden lässt. Es geht um eine gegenüber Bewusstsein und Ratio andere Instanz, die für das zuständig ist, was man am eigenen Leib zu spüren bekommt. („Leib" ist aus dem heutigen Sprachgebrauch weitgehend verschwunden und durch „Körper" ersetzt worden. Auch das ist eine Konsequenz des objektivistischen Bewusstseins, das für die Ratio nur einen materiellen Untersatz, einen Körper braucht. Im Gegenzug verwende ich für die Beschreibung der Wahrnehmung des Ganzen den Begriff des Leibes, so dass von leiblicher Wahrnehmung die Rede ist.) Veranlasst wird die Suche nach einer anderen Instanz, die eine neue, bislang ignorierte Dimension eröffnet, durch das mangelnde Leistungsvermögen des im Bewusstsein installierten objektivistischen Systems. Die Kritik der Defizite dieses Systems bringt den Leib und die leibliche Wahrnehmung ins Spiel, weil er angesichts des Versagens der Ratio als einziger Akteur im Bereich des Lebendigen übrigbleibt. Der Leib ist jedoch nicht als Alternative zur objektivierenden Tätigkeit der Ratio zu verstehen. Die leibliche Wahrnehmung agiert nicht auf der gleichen Ebene wie die Bewusstseinstätigkeiten. Sie ereignet sich vor und außerhalb des Bewusstseins. (Vgl. Bischlager, 2016)

Rundumverhältnis zur Welt

Was der Leib aufnimmt, bekommen wir weitgehend nicht mit. Am besten nachvollziehbar ist dieser Umstand beim Menschen in seiner frühesten Lebensphase, beim Kleinkind. Da stehen die teils fragwürdigen Fähigkeiten der Ratio noch nicht zur Verfügung und somit auch nicht die Fähigkeit, die leibliche Wahrnehmung zu ignorieren und auszuschalten. Aber auch nach der Kleinkindphase und im Erwachsenenalter ist die leibliche Wahrnehmung nicht zu Ende. Der Leib kann gar nicht anders, als so oder so in die materielle Welt eingelassen zu sein. Es ist etwas im Verhältnis zu ihm schwer oder leicht, hart oder weich. Der Leib ist in ein lückenloses Rundumverhältnis zur Welt eingefügt. Dazu gehört diese oder jene Art leiblicher Mobilität. Es kann das Gehen, das Laufen oder eine Nichtmobilität wie das Sitzen sein. Aber es kann nicht gar kein Verhältnis geben.

Bei der leiblichen Wahrnehmung geht es nicht um gedankliche Inhalte, auch nicht um Gefühle, sondern um Strukturen. Gefühle sind innerliche Vorgänge. Mit ihnen ist keine materiell-physische Situierung des Leibes in der Welt vorgegeben. Liebe,

Hass, Neid, Angst, Trauer, Freude enthalten in ihrem Begriff keine räumlichen und zeitlichen Angaben. Gefühle sind eine Sache des Bewusstseins. Der Leib dagegen ist vorbewusst mit seinen Sinnen in die materiellen Gegebenheiten und Bedingungen des Planeten Erde eingeflochten. Er ist zu jedem Zeitpunkt räumlich positioniert, zu manchen ihn umgebenden Dingen nah, zu anderen fern. Im Weltgeflecht ist ihm einiges zugänglich, vieles nicht. Die Umgebung kann ihm zu heiß oder zu kalt sein. Er braucht und sucht die passende Temperatur. Um sein Leben zu erhalten, muss er in das Gesamtgewebe der Lebensgrundlagen von Boden, Wasser, Luft eingebettet sein. Er braucht die Luft zum Atmen, und zwar ununterbrochen. So gibt die leibliche Existenz die Ganzheit der lebenserhaltenden Weltverflechtung vor.

Merleau-Pontys Begriff der „Generalität des Leibes" weist den Weg zum Begriff der Ganzheit, der Gesamtheit der Welt. Damit ist nicht die Summe aller Dinge gemeint, mit denen wir zu tun haben. Leiblich sind wir immer schon, von Geburt an, in das Gewebe der Welt verwoben: sozial, ökonomisch, kulturell, politisch. Was davon in Form von Wissen bewusst wird, ist unvollständiges Stückwerk und obendrein von den jeweils herrschenden Verhältnissen geprägt. Das objektivierte Wissen, das im Laufe der Geschichte angesammelt wurde und auf dem die jeweilige gesellschaftliche und technische Gegenwart beruht, ist von der leiblichen Existenz losgelöst. In seiner Entstehung jedoch musste es in eine leibliche Lebenszeit eingebettet sein. Es ist in der Abhängigkeit der Wärme und Ganzheit der leiblichen Existenz geboren worden, dann aber von ihr abgetrennt und nun in zahllosen erkalteten, leblosen Wissensbeständen und Einzeldingen da und verwendbar.

Leibliche Kompetenz

Die leibliche Wahrnehmung macht den Schritt von dem immer aus dem Ganzen herausgetrennten Subjekt-Objekt-Verhältnis zurück zum Ganzen, zu dem nur der Leib einen Zugang hat. Das Bewusstsein hat nicht die Kapazität, die Milliarden Möglichkeiten der Verflechtung des Leibes in seine Umweltmedien präsent zu halten. Wenn man metaphorisch sagt, der Leib „weiß" mehr, besagt dies, dass er in einer nicht erfassbaren Menge von Konstellationen in seine Umweltmedien verwoben ist. Dies ist auch zeitlich zu verstehen, insofern die leibliche Wahrnehmung zeitlebens die Ereignisse und Veränderungen aufnimmt. Der Leib nimmt es, wie es kommt. Das objektivierende Bewusstsein hat Erwartungen und filtert deswegen aus. Das führt aber auch dazu, dass es nicht alles mitbekommt. Der Leib schneidet nicht wie die Ratio Stücke aus der Welt heraus, um sie zu bearbeiten, sondern findet sich dem Gesamt der Welt ausgesetzt vor. Er bekommt es dabei nicht mit einer Summe von Einzelteilen zu tun, sondern existiert immer schon eingebunden in das Beziehungsgefüge der Welt. Der Leib garantiert den Bezug zum Ganzen.

Wenn also der Leib, soweit und solange sein Leben erhalten wird, notwendigerweise in die natürlichen Medien eingebettet ist, ist die nächste Frage, wie es im Bewusstsein und Handeln zur Abkehr und Distanzierung von der leiblichen Einbettung kommen kann. Wie wird verhindert, dass die leiblich-mediale Wahrnehmung mit ihrer Ganzheitsstruktur Einfluss auf die Denkstruktur gewinnt? Warum richtet sich das Denksystem nicht nach der leiblichen Wahrnehmung? Der Leib *ist* zwar unabdingbar bei der Welt, auf dem Boden, mit Luft und Wasser versorgt. Dabei ist er zwangsweise an die Bedingungen des Planeten Erde gebunden. Er braucht die Luft in jedem Moment; stünde sie ihm nur stunden- oder tageweise zur Verfügung, überlebte er nicht. Leib und Leben geraten auch in Gefahr, wenn die Luft große Schadstoffmengen enthält. Deshalb verlangt die Totalität der Einbettung in das Medium Luft auch eine Totalität der Erhaltung einer sauberen Atmosphäre. Dennoch kann diese Totalität der Erdverbundenheit durch das Denkvermögen aufgehoben werden. Es kann die Verbundenheit lösen, indem es sich auf Einzelteile konzentriert und grenzenlos aus dem Ganzen schöpft oder im Falle der Luft dort unentwegt Abfallstoffe ablädt. Was geht bei dieser Ablösung von der leiblichen Erdverbundenheit genau vor sich? Es tritt eine dritte Größe zwischen den Leib und die Stoffe der Erde. Zwischen den Apfel, den ich essen will, und meinen Mund schiebt sich die ganze Betriebswirtschaftslehre: Produktionsprozesse, Einkauf, Marketing, Management, Investition, Finanzierung. Anders ausgedrückt: Die reinste Konkretion geht einher mit einer radikalen Abstraktion.

Was sich dazwischenschiebt

Die leibliche Wahrnehmung der Lebenselemente geht durch den Abstraktionsprozess verloren. Dass Wohnen, Ernährung, Gesundheitswesen, Mobilität leibliche – und nicht geistige – Bedürfnisse sind, wird durch deren Management überlagert. Dass sich Ökonomie, Politik, Naturwissenschaft, Sozialwissenschaft und auch Literatur und Kunst mit Hausbau, Lebensmittelproduktion und Verkehr befassen, dass Operationen des abstrakten Bewusstseins, also die kognitiven Fähigkeiten die Hauptrolle und Hegemonie übernehmen, schafft zwar die Voraussetzung der leiblichen Gegebenheit nicht aus der Welt, lässt sie aber aus dem Bewusstsein verschwinden. Wenn etwa gesellschaftskritisch festgestellt wird, dass heute nicht mehr die Bedürfnisse der

Menschen, sondern nur noch Gewinnmaximierung im Zentrum stehen, dann bedeutet dies, dass eine immer tiefere Kluft zwischen der leiblichen Einbettung in die Lebensgrundlagen und dem menschlichen Tun und Verhalten etabliert worden ist. Die Operationen des Bewusstseins rücken die leibliche Wahrnehmung von den Dingen der Welt ab. Die dazwischengetretene Objektivierung der Welt bewirkt eine fortwährende Distanzierung von der leiblichen Existenz. Das Gegenüber-Verhältnis zur Welt will die Erderwärmung durch bessere Objektivierung aufhalten. Dieses Denken setzt auf Technologie und Innovation. So braucht sich am Denksystem selber nichts zu ändern. Die Spezies Mensch beherrscht weiterhin als Subjekt Natur und Welt als Objekt, nur mit dem Unterschied, dass das Subjekt jetzt das Objekt mit weniger CO_2 beherrschen soll.

Verhinderte Wirkung auf das Denken

Der vorherrschende öffentliche Diskurs verbirgt eine ganze Dimension. Die Inhalte, über die gestritten wird, geben nicht unbedingt die Motivation wieder, die die Positionen antreiben. Zu erkennen ist diese Dimension nur an der Struktur des zugrundeliegenden Denksystems, nämlich an der objektivistischen Einstellung, die die jeweilige Befestigung des Status quo bedeutet. Was gewöhnlich als die „herrschenden Verhältnisse" bezeichnet wird, ist also eine Frage des Denksystems und seiner Struktur und nicht der Behauptung von Inhalten. Wirklich wirksam kann etwas anderes sein, als was gesagt wird. Dann prallen auch treffende Argumente an dieser unsichtbaren Mauer ab. In der objektivistischen Denkstruktur kennt die Bewegung nur eine Richtung: Das Subjekt unterwirft das Objekt, nicht umgekehrt. Es macht Tiere zum Schlachtvieh und Nahrungsmittel. Nichts an der Existenz der

Tiere hat noch einen Einfluss auf das Subjekt. Was zum Objekt gemacht worden ist, dem ist ein Rückweg versperrt. Die rationale Argumentation, dass der automobile Individualverkehr durch die für ihn notwendige Infrastruktur (Straßen, Parkplätze) und seinen Energieverbrauch die Umwelt zerstört, wirkt nicht direkt auf die leibliche Existenz. Der Ratio bleibt damit Spielraum für unterschiedliche Reaktionen, von völligem Ignorieren über unentschiedenes Bewerten bis zu handelnder Konsequenz. Selbst die erwiesene gesundheitsschädliche Wirkung von Stickoxid und Feinstaub hat keinen direkten Zugang zum Leib aus Fleisch und Blut.

Man kann die leibliche Wahrnehmung auch als Untergrund verstehen, der durch eine Oberfläche und Zwischenschichten verschüttet ist. Waren, Märkte, Konkurrenz, Gewinn und Macht decken den Untergrund der leiblichen Wahrnehmung zu. Wenn man zwischen Oberfläche und Untergrund unterscheidet, könnte es scheinen, dass man die beiden voneinander trennt, wie es die neuzeitliche Trennung zwischen Subjekt und Objekt macht. Der Unterschied besteht darin, dass mit der Subjekt-Objekt-Polarisierung immer eine Herauslösung aus dem Weltzusammenhang verbunden ist, also das Objekt ein Fragment oder Torso ist. Die Unterscheidung zwischen Oberfläche und Untergrund dagegen zielt darauf ab, das Abgetrennte wieder in den Weltzusammenhang einzufügen. Es geht darum, die Oberfläche, das heißt den öffentlichen Diskurs und die menschengemachten Dinge zu öffnen auf eine Transzendenz hin, und zwar auf eine begründende, auf einen Untergrund, für den es bislang keinen Namen gibt. Auf der Basis dieser Unterscheidung wäre auch eine Antwort auf die ungelöste Frage zu suchen, warum das angehäufte Wissen über die Klimakrise nicht zum Handeln führt. Eine Antwort könnte lauten: weil das objektivierte Wissen nicht an den Untergrund des gesamten Lebens- und Weltzusammenhangs heranreicht. Es ist nicht kompatibel mit der leiblich-medialen Wahrnehmung. Damit aber kann die eigentlich entscheidende Instanz nicht aktiv werden.

Zwei gegensätzliche Arten von Weltbezug

Das Denken wird, wie beschrieben, nicht nur durch Operationen der Ratio strukturiert, sondern diesseits des Bewusstseins durch die Wahrnehmung der Dinge. Dass Dinge wie Kleidung, Behausung, Nahrungsmittel, technisch produzierte Dinge allgemein, körperlich-physische Vorgänge durchaus eng mit der leiblichen Existenz verbunden sind, schließt dennoch eine Koexistenz mit dem Denken in Abstraktion und Distanz nicht aus. Das bedeutet, dass im Denken ein tiefer Graben zwischen die Dinge (seien es Boden, Wasser, Atmosphäre oder menschengemachte Dinge) und die gesellschaftlichen Akteure platziert wird. Die Dinge kommen an die leibliche Existenz nicht heran. Das würde erst in Situationen möglich werden, in denen die technisch-instrumentellen und administrativen Zwischenschichten zwischen leiblich-physischer Existenz und den Umweltmedien ausgeschaltet oder zumindest stark reduziert wären.

Was ändert sich, wenn jemand die Tomaten selber anbaut? Zunächst kann man feststellen, dass es einen Kontakt zwischen der Erde als Wachstumsmedium der Pflanze und der leiblichen Aktivität gibt. Dabei geht es hier nicht darum, dass das eigene Anbauen von Nahrungsmitteln Spaß macht und ein gutes Gefühl im Bewusstsein entstehen lässt, was dann die Ratio veranlassen könnte, solchen Aktivitäten mehr Platz einzuräumen. Nein, was hier zur Debatte steht, ist die Frage, ob der Leib durch seinen Umgang mit Erde und Pflanzen diesseits der bewussten Tätigkeit zu einer umfassenderen Wahrnehmung gelangt, die einen Zugang zum Ganzen der umgebenden Welt hat. Wenn ich Erde anfasse, um ein Gewächs zu pflanzen, stelle ich einen leiblichen Bezug zum Ganzen des Erdbodens her, auf dem ich mein Leben verbringe. Wenn ich schwimmend ins Wasser eingetaucht bin, bin ich mit dem Wasseruniversum des Planeten verbunden. Wenn mir der Wind um die Nase bläst, bewege ich mich im universalen Medium der Erdatmosphäre. All das nimmt der Leib wahr, ohne dass das Bewusstsein es auf seinen Bildschirm bringen könnte. Die leiblich-mediale Wahrnehmung kann nicht mit Begriffen des objektivierenden Bewusstseins beschrieben werden. Dieses registriert nur, was das Subjekt in ihm selber in Gang setzt. Anders die leiblich-mediale Wahrnehmung: So wie das Funktionieren von Herz und Kreislauf das Bewusstsein nicht braucht und wie das leiblich-physische Leben für die meisten seiner Bewegungsmöglichkeiten kein Bewusstsein braucht, so vollzieht sich die leibliche Wahrnehmung im Kontakt mit den materiellen Lebensgrundlagen wie Boden, Wasser, Luft abseits des Bewusstseins.

Rückwirkung auf das Bewusstsein

Obwohl nicht zu fassen, ist die leibliche Wahrnehmung dennoch wirksam. Natürlich kann man nur vom Bewusstsein aus über sie reden. Vom Bewusstsein können zum Beispiel durch Beobachtung eklatante gegensätzliche Positionen und Ziele im gesellschaftspolitischen Diskurs registriert werden. Teile der Menschheit wollen mit ihrem entschiedenen Verhalten die Zerstörung der natürlichen Lebensgrundlagen verhindern. Die Mehrheit aber bleibt passiv, ignoriert die Gefahr oder leugnet sie. Wie kommt es zu dieser Spaltung? Wenn wir von der unendlich komplexen leiblichen Einbettung in die Welt ausgehen, können wir keine konkreten Inhalte dieser Wahrnehmung erwarten. Die leibliche Wahrnehmung liefert keine Vorschläge wie etwa die Nutzung von Sonnen- und Windenergie. Was man über die leibliche Wahrnehmung sagen kann, ergibt sich durch Schlussfolgerung aus dem manifesten Denken und Verhalten. So kann man feststellen, dass das bewusste objektivistische Denken und der gesellschaftliche Diskurs sich nicht selbst zu erklären vermögen. Die vorgegebene leibliche Einbindung in die Umweltmedien dagegen ist nicht zu bestreiten. Sie besteht in der Verwandtschaft des Leibes mit den Stoffen des Planeten Erde. Seine Sinne sind auf die Verhältnisse auf der Erde abgestimmt. Das findet seinen Ausdruck auch in Goethes Spruch: „Wär nicht das Auge sonnenhaft, die Sonne könnt es nie erblicken." Der Spruch lässt sich vermutlich auch erweitern zu: „Wär nicht der Leib so erdenhaft, die Erde könnt er nie berühren." Wenn die leibliche Wahrnehmung an der Einfügung in das Weltgeflecht hängt, stellt sich die Frage, ob daraus ein Grundbedürfnis nach der Verbindung mit den erdgegebenen Stoffen und Verhältnissen erwachsen kann. Mit Blick auf Teile und Mehrheiten der Bevölkerung sieht es nicht danach aus. Es kann aber auch sein, dass ein solches Bedürfnis mit viel Aufwand und Propaganda zugeschüttet wird. Mit Blick auf ein die Belange der Erde schützendes Verhalten, das Individuen, Gruppen, Bewegungen zeigen, kann man jedoch auf ein Bedürfnis nach Erdverbundenheit schließen.

Wie wirkt die daraus resultierende leibliche Wahrnehmung auf das Bewusstsein? Als ganzheitlich-mediale Wahrnehmung folgt sie dem Prinzip, herausgeschnittene Stücke in das ihnen entsprechende Ganze oder Medium einzubetten. Es ist von dem Umstand auszugehen, dass der Konsumgegenstand, zum Beispiel das Auto, als Endprodukt in die Hand des Kunden gelangt. Ihm aber ist seine Herstellungs- und Lieferkette nicht anzusehen. Als solches ist es aus dem Weltgeflecht herausgetrennt. Es ist nicht in sein Medium eingefügt. Wenn die leiblich-mediale Wahrnehmung tatsächlich auf das Bewusstsein wirken kann, wird es umstrukturiert und verfährt dann anders. Das käufliche Endprodukt wird nach seinem Ursprung und seinem Werdegang und schließlich nach den Auswirkungen seines Gebrauchs befragt. Die Bilanz der Befragung wird die Entscheidung steuern. Damit verliert der Konsumgegenstand seinen Charakter eines isolierten Stückwerks und wird in den Weltgesamtzusammenhang zurückversetzt. Bei einem solchen Vorgang wird das Subjekt-Objekt-Schema (Konsument kauft Ware) außer Kraft gesetzt und zu einer Flechtwerkstruktur übergegangen.

Wirkende Passivität

Nach dem Subjekt-Objekt-Schema betrachtet wäre das Auto nur ein passiver, toter Gegenstand in der Hand des Menschen. Die Ratio benutzt es für ihre Zwecke. Die Sache verändert sich aber, wenn das Auto richtiggehend geliebt wird. „Ich fahre gern Auto", sagen viele von sich. Dann bedarf es zum Verständnis eines anderen Zugangs. Es muss dann zulässig sein, dass sich der „tote Gegenstand" in einen Akteur verwandelt, von dem Wirkkräfte ausgehen können. Sonst könnte es keine Liebe zum Automobil geben. Aus dem passiven Gegenstand, den er für die Ratio darstellt, wird ein Akteur, der eine Rückwirkung auf den autofahrenden Menschen ausübt. Diese Wirkung kommt nicht bei der Ratio, sondern bei der leiblichen Existenz an. Die Eigenart der leiblichen Wahrnehmung besteht, wie bereits dargelegt, darin, dass sie nicht wie die Ratio einzelne Gegenstände aufnimmt und ins Bewusstsein hebt, sondern ihr Eingebunden-Sein in das Gesamt der Welt realisiert. Im Gewebe-Struktur-Modell wird das Subjekt des Subjekt-Objekt-Schemas nun nicht zum Objekt, wenn es sich ins Automobil, das dann aktiv ist, setzt, sondern erfährt eine veränderte leibliche Einbettung in die Welt. Wenn es sich in Bewegung setzen lässt, handelt es sich sozusagen um eine Passivität, bei der trotzdem etwas geschieht. Denn in der leiblichen Wahrnehmung setzt sich der autofahrende Mensch den Wirkkräften des Autos aus und öffnet sich ihnen. Oder umgangssprachlich formuliert: Das Auto macht etwas mit ihm. Was der Ratio als Passivität erscheint, ist für die leibliche Wahrnehmung ein anderer Weltbezug. Denn der von der Ratio verordnete Aktivismus ist stillgestellt. Zwar ist noch eine gewisse steuernde Aktivität erforderlich, die aber nichts mit der für die Fortbewegung nötigen Energie zu tun hat.

Leiblich wahrzunehmen ist – mit dem Geflecht-Struktur-Modell beschreibbar – der Vorgang, in das Medium der Bewegung versetzt zu werden. Was im Falle des Automobils mit Technik künstlich erzeugt wird, ist die Erfahrung eines Mediums, das den Aktivitätszwang aufhebt, das einen Raum schafft, in dem die Aktivitätsforderung draußen bleibt, ein Medium, in dem der Druck herabgesetzt ist, in dem Gewicht und Last nicht drückt, somit als Ent-Lastung wirkt.

Entlastung

Es wurde bisher dargestellt, was das Auto anbietet und dass der Mensch seit dem Ende des 19. Jahrhunderts dieses Angebot gerne oder sogar mit Begeisterung annimmt. An diesem Punkt ist noch eine entscheidende Frage offen: Warum hat der Mensch dieser Epoche einen derart dringenden Bedarf an der vom Automobil zur Verfügung gestellten Dienstleistung? Welches Bedürfnis kann von ihr befriedigt werden? Im Sinne einer Dingpsychologie hatte sich ergeben, dass das Auto dem Menschen etwas abnimmt, was ihm eine Kraftanstrengung abverlangt, was ihm Druck macht, was ihn belastet. Das Auto kann ihm immer wieder für eine gewisse Zeit einen freien Raum verschaffen und ihn so entlasten vom Druck der umgebenden Welt. Es erlaubt ihm eine gewisse Passivität, die ansonsten gesellschaftlich mehr oder weniger verpönt ist. Wenn es zutrifft, dass das Auto mit seiner Dienstleistungsfunktion für die Belastung im Arbeitsleben und im Alltag eine Entlastung bedeutet, erhebt sich die Frage, wie eine Leibpsychologie es erklärt, dass das leiblich erfahrene, passive Getragen- und Fortbewegtwerden eine Antwort auf den gesellschaftlich erlebten Druck und Zwang sein kann. Zunächst ist davon auszugehen, dass Arbeitsdruck, Belastung und Stress im Bewusstsein auftauchen, wenn im gesellschaftlichen Diskurs dafür Platz ist. Es kann dann über technische, organisatorische, soziale Verbesserungen diskutiert werden. Die Belastungen können aber auch unterdrückt werden und gegenüber dem Bewusstsein verborgen bleiben, aber dennoch in der leiblichen Wahrnehmung wirksam sein. Wenn das Eingefügt-Sein in die Welt zum Eingeschlossen-Sein in der Welt wird und zu psychischen Störungen wie Burnout oder Depressionen führt, bedeutet das, dass die Ratio im Umgang mit der Welt nicht mehr zurecht kommt. Der gesellschaftliche Druck, insbesondere der Arbeitsdruck zwingt zunächst die Ratio zur Anwendung von Bewältigungsstrategien. Zu den häufigsten und naheliegendsten Strategien gehören: erstens die Arbeitszeit in die Freizeit auszudehnen, zweitens das Arbeitstempo zu erhöhen, drittens die Qualität der Arbeit zu reduzieren. Eine Umfrage unter der Ärzteschaft ergab, dass mehr als zwei Drittel der Befragten auf Zeitdruck und andere Belastungen mit der Verlängerung ihrer Arbeitszeit reagierten.

Fast drei Viertel der Befragten gaben an, dass sie auf Grund von erhöhtem Arbeitsdruck oft ihr Arbeitstempo steigern müssten. Etwa 60 Prozent stellten fest, dass sie gezwungen seien, die Qualität ihrer Arbeit zu reduzieren, so dass sie ihren eigenen Ansprüchen nicht mehr entspricht (Deutsches Ärzteblatt 2020, S 1043–1047).

Welche Psychologie?

Führen die Bewältigungsstrategien der Ratio wegen Dauerbelastung zu keiner Veränderung, entstehen häufig sogenannte psychische Erkrankungen. Die Psyche wird hierbei als eine selbständige Instanz verstanden. Deren Störung kann in der Folge auch körperliche Leiden hervorrufen. Der hier zugrundeliegende Dualismus von Psyche und Körper bietet den Vorteil, beide Teile besser handhabbar zu machen. An die Psyche versucht man mit kognitiven Operationen des Bewusstseins heranzukommen. Den körperlichen Funktionsstörungen soll vor allem medikamentös abgeholfen werden. Es ist Sache der physiologisch orientierten Medizin, in gestörte körperliche Vorgänge einzugreifen. Auf der anderen Seite versucht die Ratio die Probleme der Selbst-Konstitution des Individuums zu bearbeiten und zu lösen. Diese zweipolige Konstruktion des Menschen hat zwei gravierende Nachteile: Erstens ist eine Einheit von beiden Teilen immer nur als Summe von zwei eigenständigen Einheiten denkbar. Zweitens können der Individualismus der Psyche und die physiologische Betrachtung des Körpers die Einheit der ganzen Existenz nicht erfassen. Das ist nur durch die leibliche Verankerung in der Welt möglich. Deswegen hat eine Leib- und Dingpsychologie – vor einer Individualpsychologie – die gesamtexistenzielle, also leibliche Einbettung in die durch Raum und Zeit bestimmte Welt aufzudecken.

Das konkrete Profil der leiblichen Einbettung in die Welt

In einem leibvergessenen Denksystem besitzt die Ratio mit ihren Welterklärungen und Diskursmethoden die Alleinherrschaft. Das hat zur Folge, dass den Weltbedingungen, denen das individuelle Selbst ausgesetzt ist, wenig Aufmerksamkeit geschenkt wird oder, wenn sie thematisiert werden, ihnen ausschließlich mit den Methoden der Ratio begegnet wird. So erscheint dann der umfassende gesellschaftliche Druck und Zwang einzig als Frage, wie das Gehirn, also nur dieser Teil des Leibes, damit umgeht. Das so verstandene Gehirn, das Verstand und Vernunft beherbergt, ist aber ein Abstraktionsprodukt. Es ist aus der leiblichen Gesamtexistenz herausgelöst, die wiederum in das Weltgefüge eingebunden ist. Das führt dazu, dass auch die Psychologie der Vorherrschaft der Ratio unterliegt. Diese verleitet zu dem individualistischen Fehlschluss, psychische Probleme, Störungen und Krankheiten entstünden im Innern des Individuums, die es selbst zu verantworten und zu verarbeiten habe. Gelinge die Aufarbeitung der psychischen Probleme nicht, könne das körperliche Leiden verursachen. In diesem Denkmodell ist die Psyche nur ein Nebenschauplatz im großen Bereich des Rationalen und Kognitiven. Wäre dieser Bereich schon bei seiner Konstituierung in die gesellschaftlichen, ökonomischen und politischen Weltzusammenhänge eingelassen, würde der Körper als Leib eine Rolle spielen und nicht bloß als Objekt einer isolierten Psyche. Dann würde die Perspektive umgekehrt: Die Frage der psychischen Gesundheit und Krankheit wäre dann grundsätzlich im Rahmen der in der Welt wirkenden Kräfte zu behandeln, denen die leibliche Existenz des Individuums unterworfen ist.

Wenn von der leiblichen Existenz in ihrer Ganzheit die Rede ist, bedeutet dies, dass der Leib zu allem in der Welt in einem bestimmten Verhältnis steht, wozu auch gehört, dass er zu vielen Dingen und Ereignissen keine Beziehung hat. Auch das prägt das Profil seiner Einbettung in die Welt. Insofern bleibt es dabei, dass der Leib in seiner Ganzheit mit allem in der Welt verbunden ist. Er ist angewiesen auf die Luft zum Atmen, auf Nahrung, um sein Leben zu erhalten. Er ist als materieller Leib eingewoben in unzählbare Fäden der Welt, in die lokalen mit Wohnung und Wohnort, im Weiteren durch Mobilität und Ortswechsel in weltweite Verbindungen. Der Leib lebt in einem bestimmten Klima, in dem er sich wohl fühlen kann oder dessen Extremereignisse er fürchten muss. Um die nötige Nahrung zum Leben braucht er sich im Wohlstand nicht zu sorgen, in Armut dagegen ist er angewiesen auf eine Gesellschaft, die ihn nicht verhungern lässt. Der vegetarisch sich ernährende Mensch nimmt eine andere leibliche Position zur Tier- und Pflanzenwelt ein als der Fleisch verzehrende. Die Beispiele zeigen: Die leibliche Situierung in der Welt ist nicht als allgemein menschlich im Sinne einer überzeitlichen Anthropologie zu beschreiben, sondern sie zeigt sich in verschiedenen Gestalten. Das ist wichtig, weil die leibliche Situierung in der Welt nur in ihrer jeweiligen konkreten Gestalt die Ganzheit der Existenz umfasst. Deswegen bekommt das Individuum den Druck der Welt am eigenen Leib zu spüren. Wenn gesagt wurde, dass das Auto leiblich von Druck entlasten kann, dann setzt dies voraus, dass belastender Druck auch leiblich entstanden ist. Wenn dies nicht einleuchtet, liegt es wahrscheinlich daran, dass im objektivistischen Denkmodell eine vorbewusste, vorreflexive leibliche Wahrnehmung nicht vorkommt. Da gibt es nur die Ratio, die sich als aktives Subjekt und den Körper als Objekt versteht. Wird dagegen die nicht im Bewusstsein auftauchende leibliche Wahrnehmung berücksichtigt, wird klar, dass die Situation der Druckerhöhung (durch höhere Leistungserwartung) die ganze unüberschaubare Art und Weise betrifft, wie man in der Welt steht und in sie verwoben ist. (Wenn der Druck steigt, dann verhält es sich dabei wie beim Luftdruck. Er breitet sich gleichmäßig auf alle Bereiche aus, umschließt alles vollständig.)

Psychosomatik

Versuche, Körper und Psyche als Einheit zu verstehen, gewannen im 20. Jahrhundert vor allem in Gestalt der Psychosomatik an Einfluss. Es bestand der Anspruch, möglichst in allen Disziplinen der Medizin eine ganzheitliche Betrachtungsweise zum Zuge kommen zu lassen. Vor allem sollten in die postulierte Einheit von Psyche und Körper auch die sozialen Beziehungen des Individuums einbezogen werden. Das wird zum Beispiel in folgender Definition deutlich: „Im Krankheitsverständnis der Psychosomatischen Medizin geht es um Störungen des bio-psycho-sozialen Zusammenhangs, die mit dem Modell der systemischen Wechselwirkungen erfasst werden, indem der Organismus über soziale, psychische, physiologische und physikalische Vorgänge im Austausch mit der Umwelt steht und sich psycho-somatische und somato-psychische Prozesse gegenseitig bedingen." (Milch/Leweke, Psychosomatik) Es fällt auf, dass in den meisten psychosomatischen Konzepten die angestrebte Einheit von Psyche und Körper mit dem Begriff der Wechselwirkung dargestellt wird. Das bedeutet aber, dass Psyche und Körper weiterhin als eigene separate Instanzen vorausgesetzt werden. Eine solche Objektivierung schließt jedoch die vorbewusste leibliche Verankerung in der Welt aus, die weit mehr umfasst als das „soziale Umfeld". Wohl am deutlichsten wurde der weiterhin virulente Dualismus in der Betrachtung von Psyche und Körper von Thure von Uexküll (1908–2004) kritisiert. Nach seiner Beobachtung trat seit der Mitte des 19. Jahrhunderts in der Medizin das Modell der Maschine seinen Siegeszug durch die Welt an. Entsprechend diesem Modell kann es im Körper wie bei einer Maschine zu Funktionsstörungen und Betriebsschäden kommen. Da dieses Modell mit großen technologischen Fortschritten der allgemeinen Industrialisierung einherging, boten sich der Medizin neue Möglichkeiten manueller Eingriffe in den Organismus, vor allem durch die möglich gewordene Narkose. Der Erfolg des Maschinenmodells vertiefte allerdings den Dualismus von Körper und Psyche noch mehr. Thure von Uexküll beschrieb die Situation so: „Unser Gesundheitsversorgungssystem leidet an einem Dualismus: Auf der einen Seite gibt es eine somatische Medizin, die den Körper nach dem biomechanischen Modell deutet und mit direkten oder indirekten Manipulationen be-‚handelt'. Auf der anderen Seite haben wir eine psychologische Medizin, die sich nicht um den biomechanisch gedeuteten Körper kümmert und für ihre Interventionen seelische Phänomene annimmt, die sie nach einem ganz anderen Modell *interpretiert.*" (Uexküll, 2011, S. 27)

Vom Maschinen-Modell zum Medium-Modell

Uexküll zielte auf eine Herangehensweise, die er Integrierte Medizin nannte. Sie sollte über ein Nebeneinander von Psychischem und Somatischem hinausgehen und eine Einheit von beidem herstellen. Grundlegend für Uexexternal Ansatz war die Erkenntnis, dass gegen den physikalisch orientierten Körperbegriff im biomechanischen Modell ein anderer Körperbegriff entwickelt werden musste, demgemäß eine Öffnung zur Umwelt und Verbindung mit ihr überhaupt erst denkbar werden würde. Auch wenn es eine Selbstverständlichkeit zu sein scheint, geht es hier um eine Wende zum *lebenden* Körper, die durchaus nicht selbstverständlich ist. Denn nur von ihm aus lässt sich die Vergegenständlichung von Psyche und Körper auflösen. Uexküll beginnt mit der Feststellung, dass der lebende Körper in all seinen Funktionen nicht ohne die „Gegenleistungen einer passenden Umwelt" existieren kann. Seine Lungen brauchen zum Atmen eine Atmosphäre, die in bestimmter Weise zusammengesetzt ist. Der Körper eines Vogels braucht den Widerstand eines Luft-Mediums, um fliegen zu können. Entsprechendes gilt für den Fisch in seiner Wasser-Umwelt und den Landbewohner, der einen Boden braucht, auf dem er stehen und laufen kann. Für Uexküll ergibt sich daraus die klare Konsequenz: „Wir können den lebenden Körper daher nicht von der zu ihm passenden Umwelt trennen, ohne ihn zu töten." (Uexküll, 2011, S. 7) Für besser geeignet als den Begriff Umwelt halte ich den Begriff Medium, um die Einheit eines lebenden Systems auszudrücken, weil er die Dualität von Subjekt und einer noch hinzukommenden Um-Welt vermeidet. Wenn das Medium-Modell der leiblichen Existenz das Maschinen-Modell des Körpers ersetzt, wird die Herauslösung des Körpers aus dem Lebens- und Weltganzen aufgehoben.

Druck auf das Selbst

Aus der skizzierten Problemstellung ergibt sich die nicht geringe Aufgabe, die spezifischen Medium-Strukturen einer in Frage stehenden zeitlich und räumlich bestimmten Weltsituation aufzudecken. Im Blick auf die oben beschriebene Dienstleistung des Automobils interessieren hier in erster Linie diejenigen Medium-Strukturen, auf die das automobile Angebot antwortet. Die Frage ist nun, wie das Medium zu charakterisieren ist, in dem die angebotene Entlastung von Druck eine Rolle spielen kann. So wie die leibliche Existenz des einzelnen Menschen dem Luftdruck der Erdatmosphäre ausgesetzt ist, so übt auch das Medium des Sozialen und Gesellschaftlichen Druck auf ihn aus. Seit Beginn der Neuzeit im 16. Jahrhundert war dieser Druck hierarchisch disziplinierender Art, Druck der herrschenden Klasse auf die arbeitenden Untertanen. Das neuzeitliche Subjekt konnte sich als Selbst realisieren, wo es die Macht hatte, Herrschaft über Mensch und Natur auszuüben. Im Laufe des Automobilzeitalters errang das Selbst die Position einer bedeutsamen Instanz, was auch als Psychologisierung der Gesellschaft beschrieben werden kann. Im Zuge des Neoliberalismus, beginnend in der 70er Jahren des 20. Jahrhunderts, wurde das Selbst regelrecht von einer ganzen Truppe von Forderungen umstellt. Es betrifft nun alle Menschen. Das Selbst bekommt eine neue Gestalt. Deren wichtigstes Kennzeichen ist die Selbst-Aktivierung. Das zu formende Selbst muss sich selbst mobilisieren. Dem Subjekt im Sinne der neuzeitlichen Epoche ist das Selbst nicht einfach gegeben. Es muss sich selbst als Objekt begreifen, das zu bearbeiten und zu verbessern ist. Über allem steht der Imperativ, aktiv zu werden.

Das unternehmerische Selbst

Die nächste Frage, die hier auftaucht, möchte wissen, in welche Richtung die Aktivitätsforderung führen soll. Was auf jeden Fall ins Auge springt und was zahlreiche Soziolog*innen diagnostiziert haben, ist der Umstand, dass Begriff und Institution des Unternehmers zum Leitbild der aktivistischen Dynamik geworden sind. Der Soziologe Ulrich Bröckling hat es auf den Begriff des *unternehmerischen Selbst* gebracht. Er zitiert den Abschlussbericht der „Kommission für Zukunftsfragen Bayern-Sachsen" aus dem Jahr 1997, in dem es heißt: „Das Leitbild der Zukunft ist das Individuum als Unternehmer seiner Arbeitskraft und Daseinsvorsorge". (Bröckling, 2019, S. 7) Gab es bisher die klare Unterscheidung zwischen Unternehmer und Arbeitnehmer, so kommt nun die Forderung auf, dass auch der Arbeitnehmer zum Unternehmer und zwar zum Unternehmer seiner Arbeitskraft werden solle. Erreicht werden soll diese Umwandlung in der Gestalt des unternehmerischen Selbst. Der springende Punkt dabei ist, dass es nur im Aktivitätsmodus zustande kommt und existiert. Zwar ist das Konstrukt des unternehmerischen Selbst im großen Rahmen des Systems der Marktwirtschaft angesiedelt. Aber aktiv zu werden gilt es an erster Stelle, um an seinem eigenen Selbst zu arbeiten. Die Individuen sollen mehr und mehr Macht über sich selbst gewinnen, ihr Selbstbewusstsein schärfen, ihr Selbstwertgefühl stärken, sich mehr um ihre Gesundheit kümmern, ihre Arbeitsleistung maximieren und so ihr Leben selbstverantwortlich in die Hand nehmen. (Vgl. Bröckling, 2019, S. 61) Sinn und Antrieb des Aktivwerdens für die individuelle Selbstoptimierung bestehen einzig darin, die Konkurrenz am Markt bestehen zu können. Deswegen unterliegt das unternehmerische Selbst grundsätzlich einer Entgrenzungs- und Überbietungslogik, sozusagen einem Diktat des Komparativs: „Unternehmerisch handelt man nur, sofern und solange man innovativer, findiger, wagemutiger, selbstverantwortlicher und führungsbewusster ist als die anderen." (Bröckling, 2019, S. 126) Das soll nicht nur für selbständige Geschäftsleute gelten, sondern für alle und auch jene, „die nichts anderes zu Markte zu tragen haben als ihre eigene Haut". Wenn die Steigerungsform dem Leben in seiner ganzen Breite eingeschrieben werden soll, heißt das, dass die Existenz ständig unter dem Druck zur Initiative steht. Bröckling umschreibt das Medium, in dem der Initiativdruck entsteht und das ihn ausübt, zurecht mit den physikalischen Begriffen Kraftfeld, Strömung, Sog. Hinzuzufügen wäre hier noch der Begriff Druck. Damit sind Wirkkräfte angesprochen, die dem Bewusstsein gewöhnlich vorgelagert sind, die also auf Menschen wirken, ohne dass diese es wissen. Das trifft auch auf die Wirkkräfte zu, die in Richtung des unternehmerischen Selbst Druck aufbauen. Wie Wasser-Strömung und Luft-Druck umfassende Medien sind, die keine Lücken lassen, so umfassend wirkt der Anspruch des unternehmerischen Selbst auf die gesamte Existenzweise. So kann man schlussfolgern: „Wenn der ‚ganze Mensch' gefordert ist, wenn er sich für die Sache begeistern, eigenverantwortlich handeln und kreative Problemlösungen erbringen soll, dann muss sich auch seine (Selbst-)Zurichtung auf die gesamte Persönlichkeit erstrecken." (Bröckling, 2019, S. 273) Unter der Voraussetzung, dass Persönlichkeit nicht dualistisch als zusammengesetzt aus Körper und Geist verstanden wird, bilden Druck und Zwang zur kreativen Eigeninitiative das Medium, dem die ganze Existenz ausgesetzt und eingefügt ist und das, leiblich wahrgenommen, als Belastung wirkt und sich in alle physiologischen Zusammenhänge übersetzt.

So kann man das Medium, das vom unternehmerischen Selbst geprägt ist, als eines bezeichnen, das ständig unter Druck setzt und zwar unter den Druck aktiv zu werden. Die vielfältigen Anforderungen an das unternehmerische Selbst sind alle jeweils Forderungen, initiativ zu werden. Dies ist jedoch nicht der Königsweg zu Erfolg, Glück und Zufriedenheit, wie Ratgeberliteratur und Trainingsprogramme es behaupten. Es gibt eine dunkle Seite der unternehmerischen Selbstoptimierung, wie Bröckling es formuliert: „Die dauernde Angst, nicht genug oder nicht das Richtige getan zu haben, und das unabstellbare Gefühl des Ungenügens gehören zum Unternehmer in eigener Sache."

(Bröckling, 2019, S. 74) Es ergeben sich mindestens die folgenden drei Konquenzen: 1. Das resultierende Unbehagen zwingt zu einer Existenzweise in der Steigerungsform. Das unternehmerische Selbst steht permanent vor dem Anspruch, innovativer, kreativer, flexibler, besser, aktiver zu werden. Der Druck zu laufender Verbesserung muss, wie Bröckling sagt, „selbst den ehrgeizigsten Selbstoptimierer vor unlösbare Aufgaben stellen". Denn es handelt sich um eine grundsätzlich unabschließbare Anforderung, auf die man hinarbeiten, die man aber nie erreichen kann. Weil die Aufgabe nie beendet ist, kann die/der Einzelne auch nie zur Ruhe kommen. 2. Die strukturelle Überforderung und das daraus entstehende Verlangen, sich dem Aktivitätsdruck zu entziehen, sind an die Totalität ihres Geltungsbereichs gekoppelt. Bröckling nennt den Anspruch des unternehmerischen Selbst sogar „totalitär". „Nichts soll dem Gebot der permanenten Selbstverbesserung im Zeichen des Marktes entgehen. Keine Lebensäußerung, deren Nutzen nicht maximiert, keine Entscheidung, die nicht optimiert, kein Begehren, das nicht kommodifiziert werden könnte." (Bröckling, 2019, S. 283) 3. Der totale Anspruch des unternehmerischen Selbst führt zwangsläufig zu einem Gefühl permanenten Ungenügens und damit zur Sehnsucht, dieser Situation zu entkommen. Denn durch die Totalität der Forderungen wird die Situation paradoxal. Es werden widerstreitende Eigenschaften in ein und derselben Person verlangt: Ehrgeiz und Selbstlosigkeit, Stolz und Demut, sowohl als Einzelkämpfer sich durchsetzen zu können als auch Teamfähigkeit zu beweisen. Weil niemand diese und ähnliche Gegensätze in sich vereinen kann, wird das unternehmerische Selbst letztlich zu einer Unmöglichkeit. Mit den beschriebenen Bewusstseinszuständen der Hilflosigkeit, des Gefühls des Ungenügens und Unbehagens, der Angst und Überlastung kann sich zwar die Ratio auseinandersetzen, um irgendwie über die Runden zu kommen. Aber wegen der prinzipiellen Totalität der Forderungen des unternehmerischen Selbst gibt es rational keine Lösung. Damit verschwindet die Problematik aber nicht im Nichts, sondern wirkt als leibliche Wahrnehmung weiter.

Das glückliche Selbst

Das unternehmerische Selbst tritt in erster Linie als eine fordernde, eine Aktivität und Initiative verlangende Konstruktion auf. Das wird zum Problem, wenn die Arbeit an ihm als weitere Belastung und zusätzlicher Druck empfunden wird. Dies hat gegen Ende des 20. Jahrhunderts eine neue Richtung der Psychologie auf den Plan gerufen: die sogenannte Positive Psychologie. Ihre zentrale Botschaft ist die Verbindung des unternehmerischen Selbst mit dem Versprechen von Glück. Die Arbeit am unternehmerischen Selbst wäre also zugleich der sicherste Weg beim Streben nach Glück. Und es wäre gelungen, dass Ökonomie, Glücksforschung und Positive Psychologie an einem Strang ziehen. Die Frage ist nun, ob die Bewegung der Positiven Psychologie auch hält, was sie verspricht, hier speziell die Frage, ob dieses Konzept dazu beiträgt, dass Druck und Belastung abnehmen. Die Soziologin Eva Illouz und der Soziologe Edgar Cabanas nehmen in ihrem Buch „Das Glücksdiktat und wie es unser Leben beherrscht" die Positive Psychologie in Verbindung mit der Glücksforschung kritisch unter die Lupe. Man kann die Ursprünge der Positiven Psychologie bis in die 50er Jahre des vorigen Jahrhunderts zurückführen. Amerikanische Autoren erreichten mit Büchern über das positive Denken Millionenauflagen wie zum Beispiel Norman Vincent Peale (1898–1993) mit seinem Buch „Die Kraft des positiven Denkens" (1952). Der eigentliche

Durchbruch der Positiven Psychologie kam erst um die Jahrhundertwende mit den Schriften und Aktivitäten von Martin Seligman (geb. 1942). Mit seinem Buch „Der Glücks-Faktor: Warum Optimisten länger leben" von 2002 pries er Glück als den verlockenden Weg an, das gesamte eigene Potenzial mit all seinen persönlichen Ressourcen voll und ganz ausschöpfen zu lernen. Dieses Versprechen und die angebotenen Mittel für die Glückssuche erzielten eine erstaunliche Nachfrage und ließen eine milliardenschwere Glücksindustrie entstehen.

Das Phänomen soll im hier zur Debatte stehenden Kontext vor allem auf seine entlastende oder belastende Wirkung hin befragt werden. Die Positive Psychologie wendet sich mit ihrem Glücksversprechen primär an jedes Individuum. Wenn sie auch bei der Wirtschaft Interesse findet, so gründet das zunächst auf der Vermutung und dann der Überzeugung, dass aus glücklichen Beschäftigten mehr herauszuholen ist als aus unglücklichen. Ob es sich dabei für die Beschäftigten um eine beschönigte Ausbeutung und noch mehr Druck handelt oder für die einzelnen Menschen die Chance zu einem erfüllteren Leben bedeutet, steht nicht von vorneherein fest. Der entscheidende Ansatzpunkt der Positiven Psychologie im Unterschied zur traditionellen Psychologie besteht darin, nicht Krankheiten, Leiden und Störungen, sondern die positiven Möglichkeiten der Entfaltung der eigenen Stärken und der Entwicklung des vorhandenen persönlichen Potenzials ins Zentrum zu rücken. Die damit verbundene Aussicht, glücklicher zu werden, erscheint durchaus attraktiv. Wer würde nicht gern sein Wohlbefinden steigern, mehr Lebenszufriedenheit erreichen und persönliches Aufblühen erleben oder sicherer werden, die eigenen Lebensumstände zu meistern? Das Problem ist nur, dass das alles nicht umsonst zu haben ist. Das Glück stellt sich nicht von selber ein, man muss es in die eigene Hand nehmen. Für die Positive Psychologie gibt es Glück nur mit einem auf die Spitze getriebenen Individualismus. Denn Glück ist gleichbedeutend mit der persönlichen Selbstoptimierung und Selbstverwirklichung. (Vgl. Cabanas/Illouz, 2019, S. 69) Das von der Positiven Psychologie propagierte Projekt, ein höheres Glücksniveau zu erreichen, überhäuft das suchende Individuum mit einer Fülle von Vorgaben, die zu permanentem Aktivwerden drängen. Im Mittelpunkt steht das Selbst, das sich selbst steuern und regieren soll. Die Forderung nach Selbststeuerung, an die das Glücksversprechen gebunden ist, soll den Glauben stärken, das Selbst könnte die individuelle Existenz gänzlich beherrschen. Das aber bringt die Konsequenz mit sich, sich auch für alles verantwortlich zu fühlen, was passieren kann. Erfolg und Scheitern, Reichtum und Armut, Gesundheit und Krankheit liegen in der eigenen Verantwortung. Die außergewöhnliche Bedeutung, die die Glücksforschung der persönlichen Verantwortung beimisst, erhöht den Druck auf das Selbst massiv zwar auch im privaten Bereich, vor allem aber in der Arbeitswelt: „Dass die Arbeitskräfte nicht mehr von außen kontrolliert werden, sondern sich zunehmend selbst kontrollieren, ist eine der bezeichnendsten Veränderungen in der Entwicklung der Organisationen und der Managementliteratur der letzten vierzig Jahre." (Cabanas/Illouz, 2019, S. 107) Das Individuum soll die Kontrolle verinnerlichen und selbst vornehmen, was für die Wirtschaft von Vorteil ist. Es steht die allgemeine Erwartung im Raum, dass die Beschäftigten aktiv und kreativ ihre Aufgaben in Angriff nehmen und ihre Ziele in Eigenregie erreichen. Um dazu fähig zu werden, wird das Individuum unverblümt aufgefordert, hart an sich zu arbeiten. Die Positive Psychologie stellt eine ganze Reihe von Eigenschaften vor, die erlernt und geübt werden sollen. Zu den wichtigsten zählen Autonomie, Flexibilität und Resilienz. Um ein autonomes

Selbst zu werden, sind die Individuen angehalten, „sich stärker selbst zu bestätigen und hoffnungsvoller an ihre Aufgaben heranzugehen". Dafür ist vor allem ständige Flexibilität nötig, um den laufenden Veränderungen gewachsen zu sein. Die Europäische Kommission schreibt im Jahr 2007: „Bei Flexibilität geht es zugleich um eine flexible Arbeitsorganisation, die es ermöglicht, schnell und effizient auf neue Produktionsanforderungen zu reagieren und erforderliche neue Fertigkeiten bereitzustellen sowie berufliche und private Verantwortlichkeiten miteinander zu versöhnen." (Zit. bei Cabanas/Illouz, 2019, S. 120f.) Die verlangte Flexibilität wird von der Positiven Psychologie eng mit Resilienz verknüpft, die als eine fantastische, erlernbare persönliche Fähigkeit angepriesen wird. Denn auch auftretende Probleme und Rückschläge müssen positiv gewendet werden. Demnach vermögen belastbare Beschäftigte Ungewissheit und Schwierigkeiten zur Selbstoptimierung und persönlichen Entwicklung zu nutzen.

Dass dies nicht so ohne Weiteres gelingt, aber die Gebote der Glücksindustrie fast unentrinnbaren Druck erzeugen, zeigt die Tatsache, „dass jedes Jahr Millionen von Menschen Hilfe bei den Therapien, Diensten und Produkten der Glücksspezialisten suchen. Wenn sie deren Coachingdienste, Achtsamkeitskurse, psychologische Beratung, stimmungsaufhellende Arzneiverordnungen, Selbstverbesserungs-Smartphone-Apps und Selbsthilferatgeber in Anspruch nehmen, so doch wohl deshalb, weil sie nicht glücklich sind – oder nicht glücklich genug." (Cabanas/Illouz, 2019, S. 84) Diese Angebote stellen für die Glückssuchenden ebenso viele Appelle zum Handeln dar. Zugleich lässt deren starke Präsenz in der Gesellschaft es zunehmend zur Norm und Normalität werden, dass nur immer neue Aktivitäten zur Selbstverbesserung und vollständigen Entfaltung des eigenen Potenzials zum Glück führen. Illouz und Cabanas beobachten vor allem bei den jüngeren Generationen eine Verinnerlichung des Gedankens, unter allen Umständen glücklich wirken zu müssen.

Das erschöpfte Selbst

Während das Individuum sich bewusst einem Glückszwang und einer endlosen Initiativpflicht unterwirft, vollzieht sich in der vorbewussten leiblichen Existenz ein anderes Geschehen mit eigener Logik. Erkennbar ans Licht kommt es etwa in Gestalt von Bedürfnissen, die im Widerspruch zu den bewussten Glücksambitionen stehen. Die Phänomene, die zum Beispiel als Depression oder Burnout bezeichnet werden, können möglicherweise als Bedürfnis verstanden werden, den im gesellschaftlichen Lebensmedium übermäßig herrschenden Druck abzuschütteln. Wenn dies aber nicht gelingt, steht am Ende die Erschöpfung. Der französische Soziologe Alain Ehrenberg hat in seinem Buch „Das erschöpfte Selbst. Depression und Gesellschaft in der Gegenwart" (1998) eine Geschichte der Depression seit den 30er Jahren des 20. Jahrhunderts geschrieben, in der er die Verlagerung des psychischen Konflikts mit der äußeren Welt auf die innere Welt des Individuums nachzeichnet. Mit seiner Erschöpfung und Depression ist der Mensch seit Ende des letzten Jahrhunderts auf sein eigenes Selbst zurückverwiesen. Ehrenberg beschreibt die Situation so: „Nun ist dieses Individuum aber gezwungenermaßen unsicher, denn es hat kein Außen mehr, das ihm sagt, wie es sich verhalten soll, es liegt bei ihm selbst, sich seine Regeln zu schaffen. (...) Die heutigen Normen fordern, dass man selbst zu werden habe, so wie die von gestern befahlen, dass man diszipliniert sein und seine Rolle akzeptieren müsse." (Ehrenberg, 2004, S. 140f.) Diese bis zu ihrem Endpunkt vorangetriebene Individualisierung bringt das zugespitzte Bewusstsein hervor, *nur* man selbst zu sein. An die Stelle jeder von außen vorgegebenen und aufgezwungenen Identität treten Unbestimmtheit, das Offene, das Leere. Es bleibt nur das Innere, aus dem die persönliche Initiative kommen muss. Dieses Selbst soll über sich selbst hinausgehen und es will mehr als es selbst sein. „Doch es hat nicht die Kraft der Herren, es ist zerbrechlich, ihm fehlt es an Sein, es ist von seiner Souveränität erschöpft und beklagt seine Erschöpfung." (Ehrenberg, 2004, S. 262) In diesem leeren, orientierungslosen Raum wird die Forderung, ein Selbst zu werden, insgesamt zur Last. Ein Selbst wird man nie vollständig, der Forderung zu handeln kommt man nie zur Genüge nach. Deswegen nennt Ehrenberg die Depression die Krankheit der Unzulänglichkeit. „Depression ist die Pathologie eines Bewusstseins, *das nur es selbst ist* und nie genügend mit Identität angefüllt ist, nie genug in Aktion ist." (Ehrenberg, 2004, S. 265) So stellt sich die Situation als widersprüchlich dar, insofern der Druck, ein autonomes Selbst aus innerem Antrieb heraus zu werden, gesellschaftlich erzeugt wird, zugleich aber die Arbeit am Selbst einzig und allein dem inneren Menschen aufgebürdet wird. Ehrenberg sagt dazu: „Die persönliche Initiative ist für das Individuum notwendig, um gesellschaftsfähig zu bleiben." (Ehrenberg, 2004, S. 272) Weil aber die persönliche Initiative als Anhaltspunkt nur die eigenen inneren Antriebe hat, ist sie von vornherein mit der Unsicherheit der eigenen Identität belastet. Dies kann zur Hemmung und Blockade des Handelns und im ungünstigsten Fall zur Handlungsunfähigkeit führen. Wenn das Individuum Therapien in Anspruch nimmt, ist es mit der Aussicht konfrontiert, ein chronisches Leiden zu haben und nicht wirklich geheilt werden zu können. Ehrenberg beurteilt die Lage folgendermaßen: „Das Individuum von heute ist weder krank noch geheilt. Es ist für unterschiedliche Wartungsprogramme angemeldet." (Ehrenberg, 2004, S. 248) Die hohen Erwartungen an die Schaffung des aktiven und initiativen Selbst haben sich, wenn überhaupt, nur mit der Einschränkung erfüllt, dass die Befürchtung zu scheitern und die Angst, nicht damit zurechtzukommen, stärker geworden sind als die Hoffnung auf sozialen Aufstieg. Ehrenberg kommt zu dem Ergebnis: „Der depressive Defekt begleitet das Individuum wie ein Schatten." (Ehrenberg, 2004, S. 226)

Zusammenfassend kann man sagen: Für eine Leib- und Dingpsychologie des Automobils ergeben sich einige Strukturen der gegenwärtigen Welt, die für eine Deutung der Liebe zum Auto von besonderer Bedeutung sind. Seine einzigartige Dienstleistung, derentwegen es vor allem geliebt wird, findet in einer Welt statt, die durch drei dominante Merkmale geprägt wird. Erstens wird von den hegemonialen Kräften der Gesellschaft die Forderung an das Individuum erhoben, ein unternehmerisches Selbst zu werden. Zweitens wird diese Forderung mit dem Versprechen eines höheren Glücksniveaus unterlegt. Drittens ist die Bilanz von Forderung und Versprechen ambivalent. Für alle steigt der Druck, persönlich zu handeln. Für manche ist er tragbar. Wer ihm nicht standhalten kann, leidet an Depressionen.

Das überforderte Selbst und das Automobil

In diesen Strukturen der Arbeits- und Alltagswelt, die die genannten Soziolog*innen beschreiben, droht dem Individuum die Überforderung. Was die Ratio mit Erklärungen, Empfehlungen, Ratschlägen und Angeboten zu leisten versucht, kommt irgendwann an einen Punkt, wo es nicht mehr weitergeht. Wenn Unsicherheit der Identität und Unfähigkeit zu handeln zu Stress und

Depression führen, wenn die Krankheit chronisch wird, wenn Antidepressiva keine Heilung bewirken, lässt sich die Anerkennung einer Dimension des Unbeherrschbaren und Unbekannten im Selbst kaum umgehen. Man muss annehmen, dass die neuen Normen, Normalitäten, Imperative, Zwänge, die alle mit der Forderung, aktiv zu werden, die Initiative zu ergreifen und zu handeln, verbunden sind, in der leiblichen Wahrnehmung die unbewusste Disposition erzeugen, diesem belastenden Universum entkommen zu wollen oder wenigstens dessen Wirkkräfte zeitweise außer Kraft zu setzen. Weil die Ratio ein ungelöstes Problem zurücklässt, spielt die spezifische Konstellation, in der jedes Individuum vorsprachlich, vorreflexiv und damit vorbewusst in die Welt eingefügt ist, die ausschlaggebende Rolle für sein Verhalten und Handeln. Wenn das Individuum durch Aktivitätszwang und die aufdringliche Forderung, ein autonomes Selbst zu werden, unter Druck gesetzt wird, wird dies im vorrationalen Untergrund der leiblichen Existenz seine Wirkung tun und auf entsprechende Angebote der Entlastung eingehen. Mit dem Automobil bietet sich eine Macht an, die das Selbst physisch für eine gewisse Zeit entlastet. Wenn der Motor gestartet ist, wird das rationale Selbstmanagement unterbrochen. Auch wenn die Ratio während der Autofahrt weiter mit ihren Problemen beschäftigt ist und selbst wenn ein Stau der Tagesplanung der Ratio in die Quere kommt, nimmt die leibliche Wahrnehmung die automobile Dienstleistung als Entlastung entgegen.

Im Rahmen dieser leib- und dingpsychologischen Untersuchung wurde die automobile Bewegung in den Kontext von zwei gegensätzlichen Bewegungskulturen gestellt. Kurz gefasst heißt das: Die neuzeitlich traditionelle Bewegungskultur setzt auf das autonome Individuum, das alle seine Kräfte in sich hat, mit denen es die selbst gesetzte Leistung erbringt. Mit kontinuierlicher

Willensanstrengung soll die Leistung immer weiter gesteigert werden. Die im Moment erreichbare Höchstleistung ist nie ein Endpunkt, sondern muss zu einer neuen vorangetrieben werden. Kräfte außerhalb des autonomen Selbst spielen dabei keine Rolle. Es müssen nur die Umgebungsbedingungen wie etwa Rennbahnen perfekt auf die geplanten Bewegungen wie zum Beispiel den 100-Meter-Lauf abgestimmt sein. Die neue Bewegungskultur, deren erste Anfänge seit dem beginnenden 20. Jahrhundert zu beobachten sind, geht vom Medium aus, in dem Bewegung stattfindet. Bewegung entsteht hier in Abhängigkeit von den umgebenden Kräften. Diese umgeben nicht nur das Individuum, sondern machen auch dessen Existenz erst möglich. Zu diesem Medium gehören die Elemente Luft und Wasser, Energieformen wie Licht und Wärme, die Schwerkraft, der Boden des Planeten Erde, mit einem Wort: die natürlichen Lebensgrundlagen. Bewegung im Medium und aus dem Medium heraus setzt auf ein Element des Passiven. Sie verlässt sich auf Vorgegebenes wie die vorgegebenen Lebensgrundlagen. Die in diesen Verhaltensweisen wirksame Wahrnehmungsweise hat sich zunächst in pointierter Kritik am Status quo der technisch-industriellen Lebenswelt und ihrer Hektik entwickelt. Nach weit verbreitetem Empfinden übte die riesige Maschinerie des Fortschritts ungeheuren Druck auf die Menschen aus. Von diesem Druck sich befreien zu wollen, das zeigte sich in den Phänomenen der neuen Bewegungskultur und darüber hinaus in den Versuchen der Lebensreform insgesamt. Am Ende des 20. Jahrhunderts sind die Menschen mit einer Welt konfrontiert, die in veränderter Gestalt die Individuen unter Druck setzt. Das geforderte unternehmerische Selbst und seine ständige Bereitschaft zum Handeln suchen daher Möglichkeiten der Entlastung. Mit dem Auto steht eine technische Lösung bereit, die künstlich die leibliche Erfahrung erzeugt, zeitweise aus einer mit Aktivitätszwängen angefüllten Welt in einen Raum entlastender Passivität entrinnen zu können.

Am Ende stellt sich verschärft die Frage, warum das untergründig erlebte Bedürfnis einer leiblich-medialen Erfahrung ausgerechnet technisch-künstlich befriedigt werden soll. Was als absolutes Paradox erscheint, findet eine Erklärung in der Dominanz der technisierten Welt. Die Gesellschaft organisiert sich so, dass ihre Strukturen die leibliche Existenz überlagern und in den Hintergrund drängen. Jedoch bleibt, auch wenn die Psyche vom gesellschaftlichen Medium durchdrungen ist, ein authentisches Bedürfnis bestehen, das zwar über die technisch hergestellte Erfahrung hinausweist, aber gleichzeitig durch das objektivistische Verhältnis zur Welt blockiert wird. Dass Auto und Mensch sich direkt zur Einheit des Auto-Menschen verbinden, könnte man als Kurzschluss bezeichnen, der den Stromkreis eines Lebens mit den natürlichen Lebensgrundlagen unterbricht. Der Auto-Mensch aber gibt sich mit der automobilen Glückserfahrung zufrieden. So kommt eine Existenzweise im Medium des ganzen Weltzusammenhangs nicht zustande.

QUELLENANGABEN

BISCHLAGER, Hans, Die Öffnung der blockierten Wahrnehmung. Merleau-Pontys radikale Reflexion, Bielefeld 2016

BRÖCKLING, Ulrich, Das unternehmerische Selbst. Soziologie einer Subjektivierungsform, Frankfurt am Main 2007

CABANAS, Edgar & ILLOUZ, Eva, Das Glücksdiktat und wie es unser Leben beherrscht, Berlin 2019

DTSCH Ärztebl 2020; 117 (22): A 1043–7

EHRENBERG, Alain, Das erschöpfte Selbst. Depression und Gesellschaft in der Gegenwart (1998), Frankfurt am Main 2004

MARX, Karl, MEW, Bd. 23

MERLEAU-PONTY, Maurice, Phänomenologie der Wahrnehmung (1945), Berlin 1966

MILCH, Wolfgang und LEWEKE, Frank, Psychosomatik, siehe: www.spektrum.de/lexikon/psychologie/psychosomatik/12179 (zuletzt abgerufen 02.04.2021)

MUSK, Elon, zit. bei M.-L. Wolff, Die Anbetung. Über eine Superideologie namens Digitalisierung, Frankfurt am Main 2020, S. 117

UEXKÜLL, Thure von, Integrierte Medizin als Gesamtkonzept der Heilkunde: ein bio-psycho-soziales Modell, in: Adler, R.H., Herzog, W. u.a. (Hrsg.), Psychosomatische Medizin, München 2011, S. 3–40

ABBILDUNGSVERZEICHNIS

21 Dr. Peltzer, deutscher Mittelstreckenmeister, Phot. Riebicke, in; Hans W. Fischer, a.a.O., Tafel 9

22 Dobermann, deutscher und englischer Meister im Weitsprung, Phot. Riebicke, in: Hans W. Fischer, a.a.O., Tafel 14

23 Titelbild (bearbeitet) von Franz Hilker, Reine Gymnastik, Berlin 1926

24 Schlaffmachen der Unterarme durch Schleuderbewegung, in: Hade Kallmeyer, Künstlerische Gymnastik, Berlin 1910, S. 53

25 Entspannungsübung für den Oberkörper nach vorwärts, Phot. Dr. Schimmer, in: Dora Menzler, Die Schönheit deines Körpers, Stuttgart 1924, S. 50

26 Venus mit dem Apfel, Stark ausgebogene harmonische Stellung, in: Hade Kallmeyer, a.a.O., S. 68

27 Gegenbewegung von Arm und Bein nach vorn, in: Hade Kallmeyer, a.a.O., S. 76

28 Gegenbeispiel: Parallele Bewegung von Arm und Bein nach vorn, in: Hade Kallmeyer, a.a.O., S. 76

29 Gegenbewegung von Kopf und beiden Armen, in: Hade Kallmeyer, a.a.O., S. 85

30 Gegenbewegung von Hüft- und Schultergürtel und Kopf, in: Hade Kallmeyer, a.a.O., S. 90

31 Umkehrmoment beim „Knieschwung", in: Rudolf Bode, Ausdrucksgymnastik, München 1922

32 Bewegungsfolge beim Weitsprung

33 Gymnastischer Sprung, Rudolf von Laban

34 Sprünge, Schule für Tanz und Gymnastik, Berthe Bartholomé Trümpy, in: Rudolf von Laban, Gymnastik und Tanz, Oldenburg i.O. 1926, S. 47

35 „Bewegungschor" nach Rudolf von Laban, Phot. Riebicke, in: Hans W. Fischer, a.a.O., Tafel 136

36 Choreographie nach Rudolf von Laban

37 Fernfahrt Peking – Paris, 1907, in: Automobil-Welt, 1907

38 „Auf den Gleisen der transsibirischen Eisenbahn", Fernfahrt Peking – Paris, 1907, in: Automobil-Welt, 1907

39 Kraftfahrbahn und Landschaft, in: DIE STRASSE, 1936, S. 134

40 Deutsche Alpenstraße, in: DIE STRASSE, 1936

41 Erste HAFRABA-Skizze, 1926, in: Kurt Kaftan, Der Kampf um die Autobahnen, Berlin 1955, S. 84

42 Mitgliedsbuch des HAFRABA-Vereins, in: Mitteilungsblatt des Hafraba e.V., 1929

43 Otto Mueller, Im Gras sitzendes Mädchen, 1923/25

44   Automobilsport, Titelbild von Walther Isendahl, Automobil und Automobilsport, 1. Band, Berlin 1910

45 „Fahrerlebnis und Reise", Fahrerlebnis auf schnurgerader Straße, in: DIE STRASSE, 1936, S. 134

46 Autowanderinnen an einem Rastplatz der Reichsautobahn, in: DIE STRASSE, 1939

47 Adolf Hitler im Mercedes, in: DIE STRASSE, 1936, S. 67

48 „Mit der Landschaft schwingende Straße", in: DIE STRASSE,1936, S. 136

Zeitfracht Medien GmbH
Ferdinand-Jühlke-Straße 7
99095 Erfurt, Deutschland
produktsicherheit@kolibri360.de